비무장지대(DMZ)를 찾아서

강원도 철원군 최전방 지역에 매설된 대인지뢰가 빗물에 씻겨지면서 위험하게 노출되어 있다. 인근 지뢰와 연결하는 인계철선(引繼鐵線, trip wire)은 녹슬어 사라졌으나 사람이나 동물이 밟으면 산산조각낼 수 있는 폭발력을 아직도 발휘하고 있다.

비무장지대(DMZ)를 찾아서

정전 50년, 휴전선 분단현장 보고서

글·사진 이해용

눈빛

이해용은 1968년 DMZ 인근인 강원도 양구군 중동부전선 최전방 출생으로
강원대 영어교육과를 졸업했다. 1988년부터 휴전선 지역의 이모저모를
사진으로 기록하기 시작했으며, 1996년 연합뉴스 기자로 입사해
소외된 분단지역의 실태를 집중취재해 오고 있다.
현재 연합뉴스 강원지사 기자로 근무하고 있다.

비무장지대(DMZ)를 찾아서

정전 50년, 휴전선 분단현장 보고서

글·사진 이해용

초판 1쇄 발행일 —— 2003년 7월 27일

발행인 —— 이규상

발행처 —— 눈빛

　　　　　서울시 마포구 성산동 572-506호

　　　　　전화 336-2167 팩스 324-8273

등록번호 —— 제1-839호

등록일 —— 1988년 11월 16일

편집 —— 정계화·전윤희

출력 —— DTP 하우스

인쇄 —— 예림인쇄

제책 —— 일광문화사

값 15,000원

Copyright ⓒ Lee HaeYong, 2003

ISBN 89-7409-601-3

* 이 책은 한국언론재단으로부터
제작비의 일부를 지원받았습니다.

정전 50년, 휴전선 분단현장

한민족이 소련과 미국이라는 두 강대국을 주축으로 6·25전쟁을 치르고 기약없는 휴전에 들어간 지 어느덧 반세기를 맞았다. 1953년 7월 27일, 155마일 군사분계선을 따라 생성된 비무장지대(DMZ)는 오늘도 지구촌 최후의 냉전 현장으로 불안한 평화를 지켜 주고 있다. 가난 속에 피난을 가거나 총을 잡았던 젊은이들은 점차 세상을 뜨고 있으며, 정전협정이 맺어졌던 그 해에 태어난 아이도 이제는 50살의 문턱으로 넘어서고 있다.

전쟁통에 뿔뿔이 흩어졌던 민초들은 휴전선에 가로막혀 부모, 배우자, 형제 자매, 친·인척의 생사조차 모르고 살아 오고 있다. 그러나 막힘과 헤어짐도 길어지다 보면 차갑고 무정한 속성을 어느덧 잃어버리듯 최근 교류와 협력이라는 새로운 기운이 감지되고 있다. 그 바람은 반세기 동안 꽁꽁 얼어붙어 있었던 휴전선 철책선 아래와 일부 비무장지대 공간까지 불어닥쳐 동토를 녹이고 혈맥을 연결하는 단계로 진전됐다.

휴전선 주변은 우리 사회의 어느 영역보다 빠른 변화의 속도 때문에 혼돈을 겪고 있으며, 많은 사람들이 관심을 가지고 있는 DMZ도 그 영향권으로 들어가고 있다. 이 세상이 태양의 지배를 받고 있듯이 한반도는 분단문제에서 벗어날 수 있는 곳이 없다. 그 가운데 휴전선 지역은 남북한이 50년간 맞서온 접적지역이라는 특성상 너무 많은 영향을 받은 곳이다. 냉전시대에는 이념에 의해 짓눌려 왔으며, 최근에는 생태계 문제가 맹위를 떨치고 있다. 자유민주주의를 수호하고 사람의 발길이 거의 미치지 못하는 DMZ를 보호하자는 대의명분은 충분한 듯 보인다.

문제는 편향된 관점에서 발생하고 이로 인해 억울한 희생을 강요하는 것이다. 휴전선 아래에서 어렵게 살아온 주민들에게 고통을 강요해 온 '레드 콤플렉스'는 남북교류와 화해 분위기로 어느 정도 해소됐지만 갑자기 '그린 콤플렉스'가 그 자리를 대신하기 시작했다. 냉전체제에서는 이념에 의해 사람 존재를 인정받지 못했는데 지금은 동·식물 문제에 가려 버리는 형국이 되어 버렸다. 예를 들어 까치독사 몇 마리가 발견됐다고 해서 생태계의 보고로 비약시키는 행위와 비교할 수 있다. 그리고 DMZ보다 더 넓고 생태계가 다양한 민통선 지역은 간과되고 있다.

금강산댐이 드러내는 문제 가운데 유독 붕괴 가능성에 집착하는 면은 냉전의 잔재가 아직 남아 있는 증거이며, 여기에다 파로호 물을 빼 버려 주민들이 고통받는 문제를 외면하는 것도 그런 현실이다. 새 한 마리가 죽으면 매스컴이 난리를 피우는데 파로호 주민들이 죽어가는 문제에 대해서는 왜 침묵하느냐는 한 주민의 피맺힌 하소연은 우리 사회와 언론이 휴전선 지역을 보는 시각을 꼬집은 대표적인 사례이다. 어쨌든 우리보다 DMZ를 더 모르는 외국에서조차 이런 시각으로 보고 있으니 '생태계의 보고'라는 주장은 앞으로도 대세를 차지할 것이다.

이 책은 동강난 한반도의 허리인 DMZ와 인근 민통선 지역이 분단을 극복하기 위한 징검다리로 떠오르면서 직면하는 최근의 문제와 아직은 찬바람이 가시지 않은 해빙기의 풍경을 기록한 것이다. 부연하자면 휴전선 주변에서 태어나 지금까지 살아온 30대 중반의 한 사람이 관찰해 온 현장보고서이다. 가장 이상적인 것은 정전협정 당시 이 지역을 취재했던 사람이 지금까지 휴전선 지역에서 살아오며 기록을 계속하는 것이지만 이러한 조건을 모두 충족시킬 수 있는 사람은 없을 것이다. 분단 이후 휴전선 지역은 체제와 이념의 냉기류에 휩싸여 40년 이상 얼어붙어 있었고, 기록 활동도 크게 제한됐기 때문이다.

휴전선 지역의 혼돈현상은 남북교류 분위기를 맞아 폭발적으로 증가하고 있다. 문민정부와 국민의 정부가 들어서면서 접경지역 주민들은 그동안 말하지 못하고 견디어야 했던 사연들을 호소하기 시작했으며, 분단유산도 제모습을 잃어가고 있다.

이 기록들은 사라지거나 변화를 겪고 있는 분단유산과 그로 인해 파생되어 온 여러 문제점들을 점검해 보았다. 한국언론재단의 지원에 힘입은데다 정전협정 50년을 맞아 낭만적 환상으로 덧칠해지는 DMZ를 제대로 보기 위한 작은 일도 필요할 것 같아 시작했다. 이 기록을 통해 환상과 거품투성이의 DMZ를 다시 솔직하게 바라보게 되고, 정작 분단 공간을 모르는 사람들이 떠받드는 동·식물 위주의 DMZ 생태주의도 인간과 조화를 이룰 수 있는 방향으로 극복되기를 희망한다. 무엇보다도 50년간 철조망 벨트를 두르고 있는 휴전선 지역이 국토의 허리로서 건실하게 제기능을 회복되기를 기원한다.

2003. 6

이해용

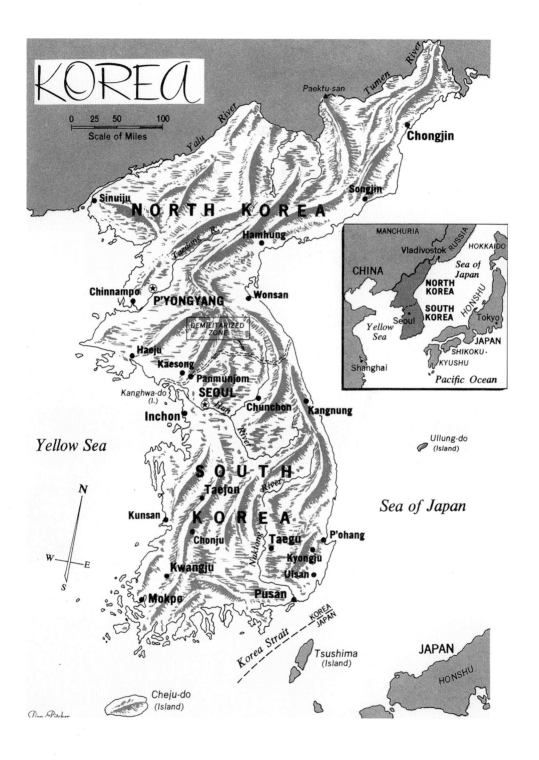

1. 불안한 평화, 비무장지대의 숙명

"UN군 총사령관을 일방으로 하고 조선인민군 최고사령관 및 중국인민지원군 사령관을 다른 일방으로 하는 한국 군사정전에 관한 협정"

1953년 7월 27일 오전 10시, 판문점에서는 반세기 이상의 끈질긴 생명력을 예고하듯 한반도 관련 협정서 가운데 명칭이 매우 긴 협정이 맺어졌다. 흔히 정전협정으로 불리는 이 협정은 "군사분계선(MDL; Military Demarcation Line)을 중심으로 쌍방이 2킬로미터씩 후퇴함으로써 비무장지대를 설정, 이를 완충지대로 한다"며 첫머리(제1조)에서 군사적 속성을 분명히 드러냈다.

서로 밀고 밀리던 3년 전쟁을 잠시 쉬어 가기로 하면서 비무장지대(DMZ; Demilitarized Zone) 주변으로 북방한계선(Northern Limit Line)과 남방한계선(Southern Limit Line)을 확정하고 서로 비무장지대 안팎에서 무력행위를 감행하지 않기로 약속했다. 이 정전협정의 소멸 시점은 "쌍방에 평화적 해결이 이뤄질 때까지"라는 애매모호한 문구가 전부였다.

한민족의 운명을 순식간에 결정해 버린 이 정전협정은 기약할 수 없는 평화체제를 구축하기 위해서 헤아릴 수 없는 고난과 역경, 인내와 지혜가 필요하다는 것을 암시하고 있었다. 그러나 정전협정은 육상에서만 비무장지대를 설정하고 백령도 등 서해 5도를 유엔군 관할에 포함시키는 것을 제외하고는 해상경계선에 대한 합의를 보지 못해 남북한이 향후 논쟁을 벌일 수밖에 없는 여지를 남겨 두었다.

1. 반세기 만에 반쪽 난 비무장지대

유엔군 총사령관 클라크 대장, 조선인민군 최고사령관 김일성 원수, 중국인민군사령관 팽덕회 명의로 판문점에서 10분 만에 체결된 정전협정은 12시간 뒤부터 적대행위를 완전히 중단시켰다. 정전협정 서명자는 조선인민군 남일 대장과 유엔군 수석대표인 미군 해리슨 준장이었다. 정작 전쟁 당사자였던 한국측 대표는 들어 있지 않았다.

이와 함께 1954년 9월까지 임진강변에 세워진 0001호 군사분계선 표식판부터 동해안 1,292호까지 한반도의 허리를 가로지르는 155마일 들판과 산자락으로는 300-500미터 거리로 1,292개의 팻말이 설치됐다.

표식판은 황색 바탕에 흰색 글씨로 제작됐다. 남쪽 방향으로는 한글과 영어로, 북쪽으로는 한글과 중국어로 표기됐다. 지금도 공동경비구역(JSA; Joint Security Area) 판문점 전방에서 볼 수 있는 노란색 바탕에 한글과 영문으로 표기된 팻말이 그것이다. 예를 들어 '돌아오지 않는 다리' 옆 유엔사 3초소 옆에 세워진 표식판은 0090번이며, 판문점을 방문하는 사람들이 미군으로부터 브리핑을 받는 5초소 앞은 0093번이다. 이 번호는 판문점 기념품으로 판매되는 컵에 새겨진 군사분계선 표식판 아래 숫자와 일치한다.

분사분계선 표식판은 정전협정 서명자인 북한·중국측과 유엔군측이 각각 596개와 696개씩 나누어 유지·관리했으나 1970년대 이를 수리하던 중 발생한 총격전으로 중단돼 판문점 주변을 제외하고는 제대로 유지되고 있는지는 확인하기 어렵다.

무력충돌을 방지하기 위해 군사분계선을 중심으로 남과 북으로 각각 2킬로미터에 걸쳐 설정됐던 비무장지대는 반세기를 지나면서 급격히 좁아졌다. 최근 비무장지대 남북한 거리가 4킬로미터인 곳이 거의 없다는 점은 공통적으로 인정되지만 놀랍게도 최전방 고지를 오르며 확인할 수 있는 것은 예상보다 급격하게 줄어든 곳이 많다는 점이다.

휴전선 지역은 경기도 강화, 김포, 파주, 연천을 포함하는 서부전선과 철원·화천 중부전선, 양구·인제·고성 동부전선으로 나눌 수 있으며, 비무장지대도 지역에 따라 다른 모습을 드러내고 있다. 수도권 북부에 위치한 경기도 강화와 김포 등에는 비무장지대가 설정돼 있지 않으나 한강과 임진강이 중립지대 역할을 하고 있어 변동폭이 없다.

남방한계선과 북방한계선 사이 DMZ. 강원도 철원군 중부전선 최전방의 한 벙커 너머로 좌측에는 남방한계선이, 우측 산기슭으로는 북방한계선이 자리잡고 있다. 이 사이 공간이 DMZ이다. 1998. 8.

　　고려시대 외국 상인들이 몰려들었던 북한 예성강이 좌측으로 보이는 강화도 양사면 철산리의 경우 임진강 북쪽 강변과 2천여 미터 가량의 거리를 유지하며 대치하고 있다. 이곳은 무장공비 침투사건이 빈번했던 곳으로 국군의 철책선이 밀물과 썰물에 드러나는 남쪽 강변을 지키고 있고 70년대 주택을 연상케 하는 북쪽마을 강변으로도 철조망이 둘러쳐 각각 남방한계선과 북방한계선과 비슷한 역할을 하고 있다.

　　좀더 높은 강화도 봉천산에서 바라보면 남측 강변에 자리잡은 철산리와 황해남도 개풍군 해창리가 마치 임진강을 끼고 서로 공존하는 것 같다. 손 내밀면 강 건너 논바닥에 닿을 듯하고 소리쳐 불러 보면 논둑을 걸어가는 그네들이 이쪽으로 고개를 돌릴 것 같아 보인다. 그렇지만 배를 타고 오고 가거나 고기를 잡던 이곳은 정전협정 이후 엄연히 뱃길이 끊긴 상태로 남아 있는 최전방 긴장의 땅이다.

　　한강으로 조금 북상하면 무인도인 유도(留島)가 강 중간에 누워 있는데 1996년 7월 홍수에 떠내려온 황소를 구출한 곳으로 알려져 있다. 군사작전과 같은 황소 구출작전을 펼쳐야

마주 볼 정도로 좁아진 DMZ. 군
사분계선(MDL)을 가운데 두고 폭
1킬로미터로 대치하고 있는 강원
도 철원 북방 남방한계선(앞)과 북
방한계선. 50년 전 정전협정이 맺
어질 당시 설정된 DMZ의 폭은 4
킬로미터였다. 2002. 12.

강 사이로 갈라선 남북한. 임진강과 한강이 합쳐져 내려가는 서해에서 남북한 최전방 지역의 두 마을이 대치하고 있다.
뒤로 보이는 마을이 황해도 개풍군 해창리. 2000. 10.

했던 이유는 황소를 방치할 경우 희귀새인 저어새와 노랑부리백로의 서식지를 파괴할 우려
때문이었다.

한강과 임진강이 합쳐지는 파주시 탄현면 성동리 오두산 통일전망대는 강폭이 460미터인
임진강을 사이에 두고 황해남도 개풍군과 그 너머 송악산이 손에 잡힐 듯 펼쳐져 있다.

일반적으로 휴전선을 순례할 때 강화도 말도에서 시작하지만 155마일로 이어지는 비무장
지대는 임진강변부터다. 이곳에서 비무장지대는 북한과 지척거리를 두고 남방한계선과 북
방한계선이 평행으로 달리다 판문점에 이른다.

1951년부터 2년간에 걸친 지루한 휴전회담이 마침내 정전협정으로 체결된 판문점은 분단
당사자들의 유일한 접촉창구로 성장해 전세계의 이목이 집중되는 곳이다. 인근 대성동 '자
유의 마을'은 민간인의 거주가 허용되지 않는 비무장지대에서 주민들이 거주하며 농사지을
수 있는 예외적인 공간이다. 이곳은 휴전 이후 주민들의 입주가 허용된 이래 병역과 납세의
의무까지 면제받고 있는 특별구역이다.

비무장지대를 찾아서

하지만 유엔사의 통제를 받고 있다는 점과 남방한계선을 드나드는 점을 제외한다면 중동부전선 최전방에 들어서 있는 민통선 재건촌이나 통일촌과 사정은 비슷하다. 이렇다 보니 대성동 주변은 민간인들의 발길이 엄격하게 통제되고 있는 중동부전선과는 달리 비무장지대 생태조사도 비교적 쉽게 이뤄질 수 있다.

그러나 민간인이 거주하는 대성동 비무장지대와 유엔사에 의해 접근 자체가 통제되고 있는 중동부전선의 비무장지대는 명확히 성격이 구분되어야 한다. 이럴 경우 비무장지대의 특성을 모르는 일반인들에게 혼란을 주고 개발과 보존 여부도 혼선을 빚을 수 있다. 예를 들어 대성동 등 서부전선 주변에는 사람들이 거주하고 있어 환경단체들이 주장하는 것처럼 농지 개발 등이 환경문제와 직접 관련될 수 있으나 이를 그대로 중동부전선까지 옮겨 해석하는 것은 곤란하다. 중동부전선 지역은 비무장지대는커녕 민통선 안에도 사람이 거주하지 못하는 곳이 많아 판문점 주변의 비무장지대보다 더 엄격히 통제된다.

즉 중동부전선은 사람들이 거주하는 비무장지대가 존재하지 않기 때문에 비무장지대 문

정전협정이 맺어졌던 판문점. 1953년 정전협정이 맺어진 원래의 판문점은 DMZ 북한측 관할지역에 있다. 2003. 4.

제라고 해야 사실상 민통선 문제로 봐야 형평성이 들어맞는다. 따라서 대다수 이 점을 암묵적으로 밝히지 않거나 두리뭉실하게 섞어 쓰는 잘못된 관행은 무엇보다 시급히 개선되어야 한다. 사람조차 살 수 없는 민통선 지역은 주택이 들어서 있는 비무장지대와 다를 수밖에 없기 때문이다.

대성동 맞은편 북쪽 비무장지대 안에는 기정동 마을이 조성돼 있으나 높이 160미터짜리 깃대에 폭 30미터짜리 대형 인공기를 게양하는 등 시설물 관리자들을 제외하고 실제로 거주하는 주민들은 없어 '선전마을'로 알려져 있다. 대성동과 기정동은 200여 미터의 거리를 두고 대치하는 남과 북의 최전방 마을이다.

판문점을 지나 연천으로 가면서 비무장지대는 해발 200미터 내외의 야산을 넘나들다 태풍전망대에서 800미터 거리로 폭이 좁아지면서 동쪽으로 이어진다. 파주를 지나 산골짜기를 따라 형성된 비무장지대는 철원평야가 시작되는 백마고지와 인근 산명호를 지나 풍천원에 이르면서 2천여 미터 가까운 거리를 유지한다.

백마고지는 비교적 낮은 야산이지만 6·25전쟁 당시 국군 9사단과 중공군이 24번에 걸쳐 서로 뺏고 빼앗기는 격전 끝에 철원지역을 지켜낼 수 있었던 지역이다.

풍천원은 궁예가 웅대한 포부를 갖고 후삼국의 도읍을 건설했던 곳이지만 월정리전망대에 올라가 보면 병풍처럼 서 있는 아카시아와 잡목에 가려 그 넓은 벌판을 헤아리기 어렵다. 그러나 전망대 인근 아이스크림 고지에 올라 이 지역을 내려다보면 남과 북이 대치하고 있는 비무장지대와 이 잡목들은 남방한계선 너머 지평선에서 경계조차 희미해져 과거에는 하나의 활동무대였다는 것을 알 수 있다. 개울물이 모세혈관처럼 흐르면서 습지로 변해 버린 이곳 비무장지대는 분단 이전까지 농사를 지어 온 논과 밭의 윤곽이 그대로 남아 있고, 콘크리트 교량 위로는 농부들이 당장 우마차를 끌고 나올 것만 같은 느낌마저 든다.

다시 필승 OP(최전방 소초) 등 400미터 안팎의 야산지대를 지나면 한탄강을 좌우로 억새와 아카시아나무 군락이 섞여 있는 비교적 넓은 초원지대가 펼쳐지면서 비무장지대 폭은 1킬로미터 이상 벌어지는 듯하다. 한눈에 봐도 상당히 넓은 이 지역도 남방한계선 아래 우리 최전방 지역 마을처럼 농사를 짓던 곳임에 틀림없다. 마치 토성처럼 일직선으로 뻗은 남방한계선 아래로는 언뜻 듣기에 민들레 벌판이라는 아름다운 이름의 들녘이 펼쳐지고 초소 이

민들레 소초의 백골과 크리스마스 트리. 중부전선 남방한계선이 자리잡고 있는 이 초소의 이름은 듣기에는 아름다운 민들레 소초다. 그러나 크리스마스 트리와 백골이 공존하는 것이 현실이다. 2002. 12.

름도 민들레 소초라는 명칭을 달고 있다. 그렇지만 그 벽면에는 대형 백골 초상이 그려져 있고 민들레 벌판은 민들레가 만발하는 벌판이기보다 미군들이 이곳의 고유지명 '먼들'을 잘못 불러 그렇게 전해졌다는 이야기에 전쟁은 유쾌한 상상마저 가로막는 듯한 느낌을 받는다.

155마일 비무장지대는 여기서 우뚝 솟은 북한 오성산(1,062m)을 앞에 두고 김화읍 읍내리로 넘어가면서 아주 가까운 거리를 유지하는데 이처럼 경사가 심한 산등성이에서 벙커끼리 맞대고 대치하는 최전선은 휴전선에서 이곳밖에 없을 것이다. 그리고 평탄한 계곡 사이로는 수차례 걸친 산불로 맨바닥까지 드러낸 황야가 펼쳐진다.

북한 오성산 아래로 엎드려 있는 계웅산 OP에서 6·25전쟁 기간 수차례에 걸친 격전에도 불구하고 정전협정 이전 북한의 수중으로 들어간 저격능선 주변 북방한계선과의 거리는 후하게 쳐도 1,500미터 정도다. 그 사이 DMZ 광삼평야에는 철원역을 출발해 내금강으로 향하던 금강선 전철의 철길 제방이 마치 자로 그은 직선처럼 자리잡고 있다. 이 지역은 남방한계

1.불안한 평화 비무장지대의 숙명

요새화한 DMZ. 초겨울 먹구름 사이로 햇빛이 요새처럼 서 있는 강원도 양구 북방 GOP 상공을 비추고 있다. 1999. 11.

선 승리전망대에서 북측의 북방한계선까지 직선거리로 1천 미터에서 50미터를 조금 보태거나 빼야 하는 거리다.

　분지에 있는 광삼평야는 중부전선에서 풍천원 다음으로 넓으며 남대천까지 흐르고 있어 장차 개발론자들과 환경보호의자들이 실리와 명분을 걸고 논쟁을 벌일 만한 곳이다. 그러나 DMZ는 국제법 성격의 정전협정이 지배하고 있는 곳이어서 개인적인 차원에서 실리를 주장하는 일은 어려울 것이다.

　비무장지대는 승리OP를 지나 삼천봉, 주파령, 북한강 상류 오작교 등 화천군 최전방을 따라가며 험준한 산악지역에 형성돼 있어 서부전선보다 비교적 폭이 넓다. 이 지역의 남방한계선은 험준한 산악지역에 묻힌 북방한계선과 숨바꼭질하듯 뻗어 가고 금강산의 일곱번째 봉우리인 양구 북방 가칠봉에서 북한의 모택동 고지, 스탈린 고지, 김일성 고지와 마주하며 800여 미터 가까이 좁아진다. 여기까지 오는 과정에서 DMZ는 1킬로미터가 채 안 되는 지역이 있다.

비무장지대를 찾아서 ─────────────────────

비무장지대는 마침내 인제 북방 인북천과 향로봉을 거쳐 통일전망대 전방 고성군 명호리에서 동해와 만나면서 끝난다.

이처럼 힙겹게 전방지역 고지를 하나하나 오르면서 실체를 가늠해야 하는 비무장지대는 인공위성을 통해 이 지역을 들여다보면 더욱 명백해진다. 무엇보다 남방한계선과 북방한계선이 하얀 실선처럼 그래프를 그리듯 오르내리며 만들어내는 그 공간이 매우 좁다는 사실에 놀랄 수밖에 없다. 남방한계선에서 비무장지대로 진출한 작전도로와 OP는 마치 북쪽을 향해 엎드려 있는 올챙이처럼 보인다. 그리고 그 하나하나가 깊은 산속에 박혀 있는 성채와 같다.

2. DMZ, 왜 감소했나

폭 4킬로미터의 비무장지대가 이처럼 줄어든 것은 북한이 북방한계선을 800-1,000미터가량 남쪽으로 전진시키면서 우리측도 비슷한 거리로 남방한계선을 북상시켜 배치했기 때문이다.

군인이나 민간인이 1천 명을 초과하지 못하며, 휴대할 수 있는 무기는 권총이나 단발식 보총으로 제한한 정전협정 규정이 초기에는 대체적으로 지켜지면서 비무장지대는 거의 비무장 상태로 유지됐다. 그러나 1963년부터 북한은 북방한계선 주변의 초소마다 자동소총을 비롯해 기관총, 박격포, 무반동포, 고사포 등으로 무장시키고 전투병력을 투입하기 시작했다. 또 북방한계선을 따라 설치돼 있던 경계선을 비무장지대 안으로 남진시키고 오늘날 2-3중 철조망으로 견고하게 설치돼 있는 휴전선에 비해 허술하기 짝이 없었던 이 지역의 목책을 통해 무장간첩를 침투시키기 시작했다.

비무장지대를 통한 무장침투는 미군의 경비태세가 비교적 허술했던 서부전선을 뚫고 이뤄진 1968년 1월 21일 김신조 침투사건을 정점으로 155마일 휴전선 일대에서 광범위하게 이뤄졌다. 이에 따라 우리측도 북한의 대남침투를 차단하기 위해 비무장지대로 남방한계선을 북진시키고 시설물을 보강하는 조치를 지역 특성에 맞게 단계적으로 취하게 됐다. 1968년 김신조 침투사건과 울진·삼척 무장공비 사건을 계기로 미국의 군사원조 1억 달러를 지원받아 나무로 만들어져 있던 기존의 목책을 견고한 철책으로 바꾸는 작업을 휴전선 지역에서

휴전선 철책선. 눈꽃이 아름답게 피어난 중부전선 최전방 이중 철책선. 2002. 12.

대대적으로 실시했다. 당시 미군 헬기가 콘크리트와 자갈 등을 남방한계선 주변 산등성이에 떨어뜨려 놓으면 주둔하고 있는 한국 군인들이 등짐으로 나르며 철책선을 보강하는 공사를 벌였다.

이때까지 군사분계선은 노란색 팻말로, 남방한계선은 하얀색 팻말로 계곡과 벌판을 가로질러 설치해 놓고 주요 지점에 병력을 배치해 놓던 시절이어서 홍수나 비가 내리는 밤에는 무장간첩의 이동을 제대로 포착하기 어려웠다. 당시 최전방 지역에서 살았던 주민들은 "계속 물소리가 요란할 때면 인민군 1대 분대가 내려왔다 가도 모르던 시절"이라고 회상한다.

임진강변 해안초소나 중부전선 한국군 막사에서 아침에 확인해 보면 잠을 자던 군인들의 목이 사라졌던 전설 같은 '목절단' 사건이 벌어지고 한국군도 비슷한 반격을 시도했던 시절이 바로 이때였다. 그러나 남방한계선에 있던 철책선을 대폭 보강하면서 이러한 침투 형태는 크게 줄어들고 해상 침투시대로 변하게 됐다. 또 육상의 철책선이 강화되면서 밀물과 썰물의 차이가 발생하는 임진강 유역과 중부전선에서는 장마철 홍수를 틈탄 침투사건이 주류를 이루게 됐다.

이처럼 무력 충돌을 방지하기 위해 설정된 폭 4킬로미터의 비무장지대가 점차 줄어든 것은 북한이 정전협정 사항을 어기면서 촉발됐지만 이를 저지하지 못하고 마찬가지로 남방한계선 철책을 북상시킨 우리측도 일부분 책임이 있다.

정전협정은 애초 휴전의 당사자들이 이를 무시할 경우 그 효력을 잃을 수밖에 없는 한계가 있었으며, 북한이 비무장지대내 유지·관리 임무를 포기하겠다며 정전협정 자체를 파기할 기세를 보여도 해답을 찾기 어려운 문제점을 갖고 있었다. 즉 규정을 어기는 당사자를 객관적으로 심사할 수 있는 제도적 장치가 없었으며 따라서 그 책임도 물을 수 없는 맹점이 있었던 것이다. 이는 전쟁 당사자들이 휴전을 하면서도 그렇게 오래 갈 것으로 예상하지 못했기 때문에 발생한 것으로 추정된다.

3. 요새화한 DMZ

정전협정의 이러한 허점은 DMZ가 요새화되면서 속칭 중무장지대(HMZ, Heavily Militarized Zone)로 변하는 길을 열어 놓았다.

북한은 북방한계선을 넘어 대전차 진지를 비롯해 박격포 진지, 대공포 진지, 야포 진지 등 66개소에 걸쳐 군사시설을 비무장지대에 설치했다. 이와 더불어 283개의 감시초소와 관측소, 100여 개의 대남 방송시설 등을 비무장지대에 포진시켰고 평지에는 지뢰를 매설했다. 주요 안보관광 루트로 자리잡고 있는 서부지역 1땅굴과 3땅굴, 중동부전선 2땅굴과 4땅굴도 비무장지대를 침범한 대표적인 사례다.

사실 정전협정에는 어떠한 시설물을 설치하지 못하도록 한다는 등의 구체적인 항목이 들어 있지 않았다. 우리측도 이에 대응할 수 있는 시설물을 비무장지대로 진출시켰으며, 병력을 차단하기 위한 대인지뢰와 대전차지뢰를 전략적 요충지에 매설하기 시작했다.

김정일 국방위원장이 북한의 최고통치자로 등장하고 남북한에 제한적인 교류가 시작된 최근에는 이와같은 신경전은 많이 줄어들었으나 미국과 소련이라는 강대국을 중심으로 치열한 냉전이 이뤄졌던 시절에는 비일비재했던 일들이다. 그러나 비무장지대는 서로가 일정한 거리를 유지했던 완충공간의 성격도 감소하고 있으며, 한민족이 교류·협력시대를 맞아

요새화한 DMZ. 철옹성처럼 무장된 최전방 소초와 총구 멀리 북한의 산하가 펼쳐져 있다. 2002. 12.

종탑과 포탑. 중부전선 삼천봉에 서 있는 포탑과 종탑이 긴장, 불안, 평화가 얽혀 있는 한반도 상황을 상징적으로 보여주고 있다. 2000. 11.

서로 신뢰를 쌓기 위해서는 이 요새화한 비무장지대 이용문제가 관건으로 떠오르고 있다.

그 예로 현재 금강산 육로 시범관광이 이뤄진 동부전선과 경의선 철로복원 공사가 추진된 서부전선에서는 중무장화한 중부전선의 비무장지대를 피하면서 교류를 위해 서로 한 발씩 접근하는 현상이 일어나고 있다. 그렇지만 남북한은 마치 돌다리를 두들겨 가듯 조심스럽게 다가가면서도 중무장화한 비무장지대의 미래에 대해서는 아직 언급하지 않고 있다.

서로의 정치상황이 다르기 때문에 아직 완전한 합일점을 찾지 못하고 있는 상황에서 급격한 접근은 체재내 논란과 혼란을 피할 수 없기 때문이다. 대표적인 '주적' 문제 등은 한민족이 비무장지대를 중심으로 대치하는 상황에서 점차 해결해야 할 난제다. 북한도 경제난 때문에 생태계 문제로 접근하는 우리처럼 여유가 없는 것도 한 요인이다. 그러나 어느덧 50

휴전선의 겨울밤. 투광등이 대낮
처럼 환하게 켜져 있는 강원도 철
원 중부전선 철책선 위로 눈발이
세차게 몰아치고 있다. 2001. 12.

휴전선의 밤. 평화를 기원하는 십자탑이 휴전선과 DMZ의 겨울밤을 대낮처럼 밝히고 있다. 2001. 12.

년 동안 전쟁도 평화도 아닌 어정쩡한 상태가 유지되고 있는 비무장지대에서 신뢰와 희망을 찾아야 하는 것은 분명히 우리 민족의 몫일 것이다.

한민족은 일제의 식민지에서 벗어나자마자 강대국에 의해 38선으로 갈라지는 운명을 맞았고 5년 뒤인 1950년부터는 대리전의 성격이 강한 내전을 겪었으며, 155마일을 중심으로 서로 대치하고 있다.

철책선으로 나눠져 있는 이 살벌한 중무장지대에 신뢰의 징검다리를 놓는 일은 체념과 좌절, 불신과 반목을 극복하는 것부터 서서히 시작할 필요가 있다. 한반도를 둘러싸고 이해관계가 복잡한 강대국들이 스스로 나서 해결해 줄 문제가 아니기 때문이다.

또 군사분계선을 중심으로 4킬로미터의 동서 회랑(corridor)이 절반으로 줄어든 것은 최근 '생태계의 보고'로 숭배되면서 철저한 생태계보호 대책이 필요하다는 이야기가 나오는 시점에서 눈여겨볼 필요가 있다.

호랑이가 서식할 정도의 환경을 유지하고 있는 것으로 한반도 비무장지대가 세계에 소개

남방한계선 초병과 독수리. 강원도 철원군 중부전선 남방한계선에서 경계근무를 서고 있는 초병 위에서 독수리 한 마리가 맴돌고 있다. 2002. 12.

되고 있지만 엄격히 말해서 그 서식 여부가 논란을 일으키는 곳은 정작 비무장지대가 아니라 강원도 민통선 인근 산간지역이다. 하지만 시간이 지날수록 비무장지대의 면적은 절반 이하로 줄어들고 적의 동태를 감시하기 위해 눈앞의 산림을 제거하면서 비무장지대에 호랑이 서식 가능성은 그렇게 높지 않다는 게 일반적인 의견이다.

　비무장지대는 한국전 관련 당사자들이 정치적·군사적 목적에서 만들어낸 부산물이 결과적으로 동물들의 서식처 역할을 하는 측면도 있지만 한반도의 안정과 평화를 지키기 위한 노력이 더 시급한 곳이다. 다시 말해 비무장지대는 반세기가 지났어도 결국 사람과 관련된 지역이며, 한민족이 분단을 극복할 수 있을 때 문화유산으로서 합당한 지위를 얻을 수 있는 것이다. 그렇다면 비무장지대는 정전협정 당시의 광대한 공간이 아닌 만큼 피상적이거나 낭만적인 방식으로 접근하기보다 그 실태를 정확히 파악하고 솔직하게 바라보겠다는 마음자세로부터 접근해야 할 것이다.

4. DMZ 고엽제 살포작전

　DMZ 남방한계선이 북상하면서 발생한 문제 가운데 고엽제 살포사건을 빼놓을 수 없다. 1999년 11월 휴전선 철책선을 바로 코앞에 두고 사는 강원도 철원군 김화읍 민통선 지역 주민들은 30년 가량 고통을 준 피부병이 고엽제로 인해 나타났다며 분개하기 시작했다. 발단은 1968년부터 1969년까지 미군과 한국군이 비무장지대의 시계청소를 하기 위해 철책선 앞으로 고엽제를 살포했다는 기록이 한·미 당국을 통해 밝혀지면서였다.

　민통선 주민들이 앓아 왔던 질병은 온몸에 붉은 반점이나 물집이 생기고 부어 오르는 증세였는데 유명한 병원을 돌아다니며 진찰을 받아도 병명조차 알 수가 없었다. 또 증세가 심할 경우에는 농사일을 나가지 못할 정도여서 아무리 바쁜 농번기에도 방에 틀어박혀 고통스럽게 지내야 했다. 이같은 증상은 입주민 1세대에게 주로 나타나고 있었으나 세살배기 어린 손자한테서도 나타나는 경우가 있어 유전되지 않느냐는 추측도 제기됐다.

　1969년부터 시작해 1970년 입주가 완료됐던 김화읍 생창리 주민들의 경우 휴전선 주변의 시야를 가리던 잡초들을 제초제로 없애던 때를 기억하고 있었다. 주민들이 직접 DMZ 안으로 제초제 살포작업을 나갔던 사연은 군인들이 분무기를 빌려 달라고 하거나 도움을 청했기

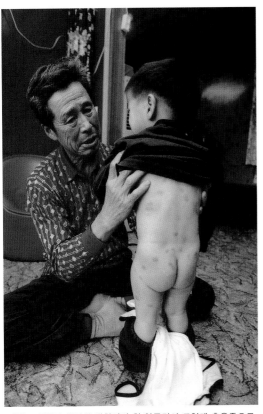

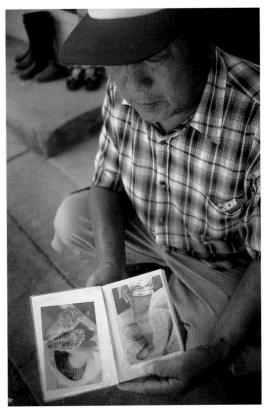

강원도 철원군 김화읍 생창리의 한 입주민이 고엽제 후유증으로 보이는 증상이 손자에게서 나타나자 안타까워하고 있다.

비무장지대에 고엽제가 살포될 당시 농약 살포기로 고엽제를 뿌려 주었던 강원도 철원군 김화읍 생창리의 한 주민이 자신의 환부를 찍어 놓은 사진을 내보이고 있다. 1999. 11.

때문이다. 농약을 살포하는 분무기나 맨손으로 제초제를 뿌린 지역의 나무와 풀들은 점차 시들해지다 누렇게 말라 버리면서 죽어갔다. 주민들은 이 제초제의 유해성에 대해서 전혀 알지 못하고 있었으며, 제초 효과가 뛰어나다는 사실만 확인할 수 있었다.

문제는 여기서 그치는 것이 아니라 철책선이 쳐져 있던 남방한계선이 800-1,000미터 가량 올라가면서 발생한 불모지를 주민들이 농사를 지을 수 있도록 개방되면서도 발생됐다. 땅 한 평이 아쉬웠던 농민들의 사정을 군당국이 받아들여 1980년대 초반부터 개간을 허용하자 주민들이 맨손으로 작업을 벌였다. 이 때문에 주민들이 농사를 짓고 있는 농경지 가운데에는 철책선에서나 볼 수 있었던 벙커가 아직도 남아 있으며, 남방한계선이라는 간판 옆으로

DMZ로 남진한 북한의 북방한계선. 북한이 정전협정 당시 설정된 북방한계선을 DMZ로 남진시키고 요새화한 오늘날의
북방한계선(반미 간판 지역). 2003. 5.

농기계가 지나다니는 진풍경이 남게 됐다.

　이같은 주민들의 증언은 국방부가 1968년 1월 12일 휴전선을 침투하는 간첩을 막는 방책
의 하나로 철책선 주변에 살초제 사용을 결정하고 유엔사에 4만 5천 갤런을 요청했다고 발
표한 것과 일맥상통하고 있다.

5. 해상에는 없는 DMZ, 그리고 북방한계선

　1999년 6월 15일 오전 7시 15분. 서해 연평도 인근 북방한계선(NLL, Northern Limit Line)
주변에서 첨예하게 9일째 대치하던 남북한 해군간에 무력사태를 예고하는 포성이 마침내
울려 퍼졌다.

　꽃게잡이를 나온 북한 어선 13척이 NLL을 3.5킬로미터 넘은데 이어 북한 경비정 4척까지
어뢰정 3척의 호위를 받으며 우리 해역으로 다가오자 해군 고속정 8척과 1,200톤 초계함 2척
이 밀어내기식 충돌작전을 벌이던 중 북한 어뢰정의 25밀리 기관포가 선제공격을 가한 것이

다. 공격을 받은 아군 고속정이 40밀리 발칸포로 즉각 대응하고 초계함도 76밀리 함포에 불을 당겼다. 10여 분간의 치열한 교전으로 북한 어뢰정 1척이 침몰하고 경비정 5척이 손상을 입었으며, 북한군은 사망 17명, 부상 80명의 피해를 본 것으로 추정됐다. 이에 비해 우리 해군은 고속정과 초계함 등 5척이 일부 파손되고 7명이 부상했으나 '연평대첩'을 거둔 것으로 소개됐다.

이와 관련 북한 중앙통신은 "남조선 당국자들이 강령군 쌍교리 남동쪽 우리 영해에서 인민군 해군 함정을 들이받아 1척이 침몰되고 3척이 심하게 파손되는 무력도발을 감행했다"면서 "사태가 전면전으로 번지지 않은 것은 우리 인민군들의 높은 인내력과 자제력의 결과"라고 주장했다.

2002년 6월 29일 오전 10시 25분. 서해 연평도 서쪽 14마일, 북방한계선(NLL) 남쪽 3마일 부근에서 남북 해군간 교전이 3년 만에 재발했다.

북한 경비정 2척이 이날 NLL을 넘어오자 우리 해군 고속정 편대가 출동해 "NLL을 넘었으니 돌아가라"고 경고방송을 하던 중 북한의 경비정 1척이 위력적인 85밀리 함포로 우리 고속정의 조타실을 명중시켰던 것이다.

31분간에 걸친 교전으로 27명이 타고 있던 아군 고속정에 불이 붙으면서 4명 전사, 부상 19

물 위에는 없는 DMZ. 육상이 아닌 강물과 해상에는 정전협정 당시 DMZ가 설정되지 않았다. 김포 북단과 북한 황해도 지역이 중립지대를 사이에 두고 대치하고 있다. 2001. 9.

명, 실종 1명 등 24명의 막대한 인명피해가 발생했다. 북한 경비정 1척도 화염에 휩싸여 퇴각했으나 우리 해군은 확전을 우려해 안전지역으로 기수를 되돌렸고 피격된 고속정은 예인도 중 오전 11시 38분께 침몰됐다.

사태 직후 군당국은 대북성명을 통해 "명백한 정전협정 위반으로 묵과할 수 없는 무력도발에 대해 항의하며 북한의 사과와 책임자 처벌, 재발 방지를 강력히 요구한다"고 밝혔다. 그러나 북한은 "남조선군이 정상적인 해상 경계근무를 수행하던 인민군 군경비함들에 함포 사격을 가해 와 자위적 조치를 취했다"고 주장했다.

3년 전 서해교전과 비슷한 상황에서 충돌이 벌어졌으나 결과는 판이하게 달랐으며, 2000년 6·15 남북정상회담 이후 화해·협력분위기가 유지되던 시기였다. 그러나 두 사건이 모두 NLL을 둘러싸고 발생했다는 공통점을 갖고 있었다.

우리의 경우 NLL을 정전협정 이후 남북한이 지켜 온 '실질적인 해상경계선'으로 규정하고 있는 반면 북한은 미군측이 일방적으로 설정한 경계선으로 보기 때문이다. 그동안 북한

공해상을 지나는 설봉호. 육상과는 달리 해상에는 영해가 합의되지 않아 정전협정 이후 남북한이 마찰을 빚어 왔다. 금강산 관광 설봉호가 공해상을 지나 북으로 향하고 있다. 2002. 9.

은 NLL이 유엔군측에 의해 일방적으로 설정된 것인 만큼 인정할 수 없으며 정전협정 당사자인 미국과 북한이 토의할 문제라고 주장해 왔다. 아울러 서해 해상군사분계선은 황해도와 경기도 도경계선으로 봐야 한다는 억지 주장까지 내놓았다. 그러나 우리측은 북한이 1973년까지 NLL에 대해 별다른 문제점을 제기하지 않았으며 NLL이남 수역은 우리 군의 관할과 실제적인 지배 하에 있었다는 점을 강조하고 있다.

또 NLL이 북한과 미국 사이에 논의되어야 한다는 주장에 대해서는 비록 정전협정에 서명을 하지 않았더라도 분명한 한국전쟁의 당사자인 남한을 배제시키기 위한 정치적 발상이라며 반박하고 있다. 그러나 서해의 NLL 주변이 반세기 동안 분쟁지역으로 떠오른 것은 정전협정 체결 당시 해상분계선에 대해 명확한 합의를 하지 않았기 때문이다.

북한은 정전협상 과정에서 황해도와 경기도 경계선을 기준으로 유엔군의 철수를 요구했으나 서해 5도는 전쟁 전부터 한국과 유엔군의 관할 하에 있었다는 점을 내세워 거부했다. 그래서 황해도와 경기도 도계간 육상에서 끝나는 군사분계선은 해상으로는 연장되지 않았으며 바다에는 합의된 군사분계선이 존재할 수 없었던 것이었다.

서해 5도의 경우도 실선으로 네모형의 3개 테두리를 둘러 놓았지만 유엔군사령관하에 두는 군사지역을 표시한 것으로 다른 의미를 첨부하지 못하도록 명기했다. 아울러 경기도와 황해도 사이로 흐르는 수역을 중심으로 정전협정 지도에 실선으로 그어 놓은 경기도–황해도 도경계선은 서해의 여러 섬들의 통제를 위해 그어 놓은 것으로 이 역시 아무런 의의가 없다는 주석이 달려 있다.

동해의 경우 1292호 표식판이 끝나는 점에서 연장된 선을 NLL 보고 있어 서해만큼 이 문제로 교전이 발생하지는 않았지만 영해개념은 합의된 바 없다.

영해 문제도 3마일을 요구하는 유엔측과 12마일을 고집하는 북한측의 의견충돌로 합의를 보지 못해 훗날 과연 어느 범위가 영해이고 공해인지에 대한 의견이 엇갈려 납치와 포격 등의 사건이 발생하는 계기가 됐다. 동해 역시 서해처럼 어로한계선을 지정해 어민들이 북한지역으로 들어가는 것을 제한하고 있지만 DMZ는 없다.

현재 논란이 되고 있는 NLL과 관련해 주한 유엔군사령부 군사정전위원회에서 전사편찬관과 분석관을 맡았던 이문항(제임스 리) 씨는 주한 미해군사령부의 기록을 확인한 결과 북

DMZ 군사분계선 끝점. 임진강변
에서 시작된 비무장지대는 고성
군 통일전망대 전방 무인도 해변
에서 군사분계선 표식판 1,292번
으로 끝난다. 2002. 9.

방한계선은 1958년 해군선박과 꽃게잡이를 하는 어선들을 통제하기 위한 작전통제선으로 설정됐다고 밝혔다.

과거와 달리 이처럼 남북한이 화해와 교류를 시작할 때에도 NLL이 논쟁이 되는 것은 정전협정상 명확한 합의가 없었기 때문이며 더 이상 서해가 교전장이 되지 않도록 남북한 당국이 진지하게 신뢰구축 방안을 마련할 필요가 있다.

군사분계선을 중심으로 남북 2킬로미터씩 북방한계선과 남방한계선을 설정하면서 생긴 비무장지대와 관련해 해상의 경계선 문제를 거론한 것은 비무장지대 개념은 육상에만 존재한다는 것을 거듭 강조하기 위한 것이다.

한 마디로 서해와 동해에는 DMZ가 없다. 한반도의 허리를 가로지르는 비무장지대는 북한 사천강이 임진강과 합류하는 인근에서부터 파주, 연천, 철원, 화천, 양구, 인제, 고성에 이르는 155마일에만 적용되는 것이다. 적어도 서해와 한강 하구 지역은 휴전선 분단 공간과 관련해 상정해 볼 수는 있지만 육상의 비무장지대와는 다르다는 점을 명확히 알 필요가 있다.

2. 휴전선 여정

휴전선 여정은 출발점을 어디로 잡아야 하는지 자체가 고민거리다. 일반적으로 서부전선을 기점으로 중부전선, 동부전선을 거쳐가지만 이는 155마일 휴전선 순례와 같은 이벤트로나 적합한 것이며 현실적으로는 그렇지 않다.

또 서부권은 비교적 접근성이 좋으나 중동부전선으로 갈수록 휴전선과 평행하게 이어지는 도로도 없고 길 자체가 험하고 너무 멀다. 동부전선에서 서부전선 방면으로 이뤄지는 생태기행도 환경단체 등이나 선호하는 것이고 무수히 나열되는 동·식물 이름에 일반인들은 자신의 무지함이나 한탄하며 철저히 방관자로 전락될 수 있기 때문이다.

그렇다면 역사와 문화가 다양하게 살아 있고 공통된 주제가 형성될 수 있는 임진강과 한강 유역부터 시작하는 것도 하나의 방법이다.

무엇보다 에버랜드와 같은 놀이공원에 길들여진 젊은 세대들이 '볼 게 없다'는 불평을 하는 경우도 없지 않지만 그 황량한 분단의 현장에서도 역사의 교훈과 분단 극복의 지혜를 키워 볼 만한 가치는 충분하다.

1. 물길로 대치해 온 분단의 땅

황해남도 개풍군 일대가 시원하게 들어오는 경기도 파주시 탄현면 성동리 오두산전망대는 분단의 현장을 느껴 보는 첫 관문이다. 우선 한국의 심장부인 한강을 따라 행주대교까지 설치돼 있는 철책선이 우리가 어떤 상황 속에서 살고 있는지 말해 주고 있다.

물길로 대치해 온 한강 하구. 임
진강과 한강이 합류하는 오두산
전망대 앞 강물을 사이에 두고
남북한이 반세기 동안 대치해 오
고 있다. 2002. 8.

임진강과 한강의 합수점을 내려다보며 우뚝 서 있는 오두산전망대는 사실 오래 전부터 전략적 요새였다. 4세기말 한강지역을 차지하기 위해 남진하던 고구려와 이를 막기 위한 백제의 필사적인 격전이 펼쳐진 곳이 바로 오두산전망대가 자리잡은 곳이다.

고구려 광개토대왕이 이 성을 차지함으로써 백제는 한강유역의 지배권을 잃어버리고 한성에서 웅진으로 천도를 해야 하는 운명을 맞이했다. 고구려는 물길을 따라 거침없이 한강으로 올라가거나 서해로 내려갈 수 있는 발판을 마련했는데 이 격전이 벌어졌던 오두산성이 광개토대왕비에 나오는 관미성으로 추정되고 있다.

그때나 오늘이나 이 강물을 사이를 두고 우리 민족이 대치하고 있는 사정은 너무 흡사하다. 특히 임진강은 남쪽으로는 한강지역과 직결되고 북쪽으로 건너가면 개성으로 갈 수 있으니 이 자체가 국경 하천의 역할을 해내고 있다.

6·25전쟁 이후 육지는 정전협정 당사자들이 무력충돌을 막기 위해 남북간 인위적인 비무장지대를 설정했으나 임진강과 강화도 북부에 이르는 강물만큼 오래가지는 않고 있기 때문이다. 육지의 비무장지대는 남북한이 전진 배치하는 것을 허용했지만 이 지역은 요지부동으로 제자리를 지키고 있는 것이다. 이와같은 사정으로 국경 역할을 해 온 관방유적도 임진강 주변에 밀집돼 있다.

자유로 철책선 그늘 아래에서. 철책선이 들어선 자유로 주변에서 한 주민이 지역 특산물인 참외를 팔고 있다. 2001. 9.

임진강 절벽 위에 마련된 호로고루성터(연천군 장남면 원당3리), 당포성터(연천군 미산면 마전리), 은대리성터(연천군 청산면 은대리)는 오늘날 최전방 GOP(경계소초)와 같은 역할을 한 곳이다.

강변에 접해 있는 오두산성을 비롯해 덕진산성(파주시 군내면 정자리), 이잔미성(파주시 적성면 장좌리), 무등리 성터(연천군 군남면 무등리) 등은 모두 배를 타고 침범하는 세력을 저지하기 위한 요충지로, 오늘날에도 임진강에서는 도강을 위해 부교를 설치하는 훈련이 펼쳐지고 있다.

임진강 주변에서는 강변 절벽과 야산을 이용한 군사적 목적의 성 이외에도 행정목적에서 육계토성(파주시 적성면 전읍리), 초성리 토성(연천군 청산면 초성리), 금파리 토성(파주시 파평면 금파리)도 세워졌다. 더 나아가 임진강의 지천인 한탄강 상류 철원지역에도 세력을 다투었던 조상들의 자취는 곳곳에 남아 있다.

임진강 유역에서는 4세기 백제의 근초고왕이 고구려를 몰아낸 데 이어 5세기에는 고구려의 장수왕이 다시 세력을 넓혀 왔다. 또 6세기에는 신라의 진흥왕이 서해로 나가는 교두보를 차지하기 위해 고구려를 몰아냈으며, 마침내 신라는 7세기 매초성 전투에서 당나라군을 축출할 수 있었다.

임진왜란 때도 선조는 율곡 이이가 임진강변에 세운 화석정에 불을 붙여 무사히 피난을 가고 북진하던 왜군의 발길을 보름 동안 붙잡을 수 있었다. 오늘날 전방지역 도로변에 기름칠을 머금고 서 있는 소형 정자와 비슷한 검은색 시설물은 유사시 밤길을 훤하게 밝힌 이이의 아이디어일 것이다.

육사박물관이 조사한 결과에 따르면 경기도 파주, 연천, 포천, 김포, 강원 철원 등 수도권 북부지역에는 군사, 정치, 행정으로 중요한 기능을 하던 47개의 성이 삼국시대 이래로 만들어진 것으로 조사됐다.

이곳은 남북한이 대치하고 있는 분단상황에서도 최전방 교두보이자 요충지로서 그 역할이 변함없이 이어지고 있다. 그렇지만 분단이 다시 분단으로 반복되기 전 통일 국가를 이루었던 고려와 조선의 모습을 그려 볼 수 있는 곳도 이 지역이다.

임진강이 한강과 만나 서해로 빠져나가는 지역은 교류를 위한 운명을 타고났다. 코리아

(COREA)란 명칭도 오늘날 강화 교동도 북부해안에서 바라보면 손에 잡힐 듯이 보이는 북한 예성강 하구의 벽란도를 드나들던 아라비아인을 통해 얻은 이름이다.

벽란도는 당시 고려의 수도와 가깝게 위치한데다 수심이 깊어 배들이 쉽게 드나들 수 있었으니 송나라를 비롯해 일본, 여진 등 동북아시아를 연결하는 고려의 제1무역항이었다. 황해남도 개풍군에는 벽란리라는 지명이 아직까지 지도상에 남아 있다. 6·25전쟁이 끝나면서 육지에 비무장지대가 설정될 때에도 이 지역은 중립지역으로 남았으나 무장공비 침투사건 등이 속출하면서 현재 고기잡이 배 한 척조차 얼씬거릴 수 없게 됐다.

겨울이면 예성강에서 떠내려온 얼음조각들이 강화도와 교동도 사이의 선박운행까지 일부 제한하도록 만드는 사건이 끊어진 물길을 기억시켜 주는 유일한 잔재다. 해변 철조망에 가로막혀 어렵게 됐지만 북한의 귀순자들도 과거 교류가 이뤄지던 그 길을 따라 월남하는 경우가 있다.

사람이 사는 섬으로서는 최서부에 자리잡은 말도가 북한의 연백염전과 8백 미터 거리를 두고 바라보고 있으나 뱃길은 꽁꽁 막혀 있다.

2. 반구정에서 임진각까지

자유로를 따라 오르다 스쳐가는 파주시 문산읍 사목리 임진강변으로는 조선시대 청백리로 유명한 황희 정승이 갈매기를 벗삼아 지냈다는 반구정이 도로 아래 자리잡고 있다. 개성에서 태어나 역성혁명으로 고려가 망하자 두문동에서 칩거하다 새 왕조에 참여한 그는 세종 때 조선 역사상 가장 지혜로운 명재상으로 업적을 남겼다.

황희 정승은 관직에서 물러나자마자 이곳으로 내려와 갈매기와 어부들과 함께 어울리며 만년을 보냈다. 반구정에 오르면 남북으로 나뉘진 답답한 분단 공간에서 고려와 조선으로 넘어가는 과도기의 난국을 헤쳐갔던 그의 지혜가 그리워진다.

6·25전쟁으로 불에 탔던 반구정은 1967년 6월 후손들에 의해 개축됐지만 그때와는 달리 정자 앞 절벽 아래로는 윤형 철조망을 휘감고 있는 철책선이 지나간다. 그뿐만 아니라 대낮에도 무장한 초병들이 경계근무를 서다 나누는 대화까지 웅엉웅얼 들려온다.

강변을 따라 만들어진 철조망 너머로는 임진강에서 물고기를 잡아 먹는 백로들이 옛날처

철책선이 들어선 반구정. 조선시대 황희 정승이 어부들과 어울렸던 임진강변 반구정 앞으로 지나가는 철책선. 반구정 처마 밑으로 멀리 임진각 '자유의 다리'가 보인다. 2001. 10.

사라진 자유의 다리 풍경. 경의선 복원공사로 철로가 다시 설치되기 전 임진각 자유의 다리 입구를 막고 있었던 철문과 버드나무. 2001. 9

럼 유유자적하게 노닐고 있다. 그렇지만 스티로폼 부표에 앉아 있던 백로들이 다시 날아오르는 그 너머 강변으로는 수색을 나온 군인들이 가끔 눈에 들어온다. 155마일을 단절시킨 군사분계선이 저 장단반도 남단에서 시작됐으니 반구정 주변도 긴장을 풀 수 없는 최전선인 셈이다. 반구정 철조망 위로 자세히 들여다보면 경의선이 지나가던 철교가 또렷하게 모습을 나타낸다. 임진각이 얼마 남지 않은 것이다.

　임진각은 분단으로 인해 공동경비구역 판문점만큼 유명한 관광명소가 됐다. 실향민들이 더 이상 북쪽으로 가기에는 출입절차 등이 까다롭다 보니 명절마다 임진각 망배단을 찾아 북녘을 향해 절을 올렸던 곳이다. 이곳을 찾는 많은 사람들은 1953년 정전협정 이후 서울을 출발, 신의주까지 가던 경의선 증기기관차의 기적소리가 끊어진 '자유의 다리'를 둘러보는 것으로 분단의 현실을 실감하고 돌아간다.

46

사라진 철도중단점. 문산에서 끝난 경의선이 도라산 역까지 연결되면서 50년간 이 자리를 지켜 온 철도중단점도 제자리를 내주고 이제는 볼 수 없게 됐다. 2001. 9.

분단 이후 포장돼 남북한을 이어 주는 유일한 교량 역할을 해 온 자유의 다리(일명 독개다리)는 1998년 인근 임진강 위로 통일대교가 개통되면서 문이 닫혔다. 하지만 경의선 철로 복구공사가 시작되면서 입구의 철문은 철거되고 망배단 앞으로는 철도 및 도로 복원공사를 알리는 대형 조감도가 등장했다.

실향민들이 학수고대하던 경의선 열차는 2001년 9월 30일 문산에서 임진각역에 이르는 철로 6.8킬로미터가 50년 만에 개설되면서 운행을 재개했다. 자유의 다리 앞을 가로막고 있던 나무와 이중 철문도 깨끗하게 치워져 남북한 화해의 상징으로 떠오르고 있다.

이와 함께 차량만 다닐 수 있도록 개조돼 늘 막혀 있던 임진각 자유의 다리도 철로가 다시 개설돼 분단 전의 모습을 되찾고 있다. '철마는 달리고 싶다'는 철도종단점을 알리던 안내판이 마침내 사라지고 새로운 철로가 깔리고 있지만 아쉬움도 없지 않다.

철로 신설 이후 반세기 동안 사전에 허가를 받은 사람들만 군인들이 보초를 서는 출입문을 통해 지나다니고 주변 버드나무들이 이 광경을 지켜보던 모습은 없어졌다. 금세 깬 자갈과 콘크리트 침목이 대신하고 있지만 그 울창하게 막혀 있던 풍경이 너무 빨리 잊혀진 것은 아닌가 하는 생각이 든다. 현재 철로가 이어지는 비무장지대 도라산역이 그 역할을 맡으면서 경의선 분단의 흔적은 점차 지워질 운명이지만 분단으로 인해 겪었던 과거의 교훈마저 사라질까 걱정된다.

이미 임진각에 전시되고 있는 증기기관차는 남북한 교류전에 있던 자리에서 옮겨 오면서 분위기 자체가 달라졌다. 카페나 음식점 같은 화물칸까지 주렁주렁 매달려 있다 보니 서울－평양이라는 간판도 옛 자리에 있을 때처럼 눈길을 끌기에는 부족하다. 수십 미터씩 자라난 나무 밑에 멈춰 서 있던 증기기관차를 배경으로 철로 위에 앉아 이야기보따리를 풀어 놓던 노인들의 모습도 찾을 길이 없다.

분단의 흔적은 조금은 초라하더라도 가능한 제자리에 있어야 발걸음을 멈추게 하고 역사와 심호흡할 수 있을 것이다. 돈을 벌기 위한 관광지개발에 중점을 두다 보면 여느 행락지와 별 차이가 없어진다. 분단 50년간 실향민들의 발길이 맴돌던 유서깊은 임진각이 도라산역이나 7킬로미터 북방에 있는 판문점으로 가는 사람들을 실어 나르기 위한 주차공간으로 전락하지 않도록 방안을 찾아야 할 것이다.

3. 분단 드라마 세트장, JSA 판문점

공동경비구역(JSA ; Joint Security Area) 판문점은 한반도의 상황을 전세계에 알려 주는 창문이다. 6·25전쟁이 시작된 다음해부터 유엔군과 북한측이 휴전문제를 협의하면서 초가 몇 채 있던 판문점은 일약 지구촌 뉴스의 초점으로 떠올랐다. 정전협정이 체결됐던 그 역사의 장소 판문점(널문리)은 현재 북한측 비무장지대에 있다. 그렇지만 JSA를 오늘날에도 판문점으로 부르는 것은 정전협정이 맺어진 판문점이 북한측 관할지역에 있다는 점 때문에 유엔군사령부가 분사분계선으로 이전할 것을 요구해 옮겼기 때문이다.

1번 국도를 따라 올라가다 1998년 신설된 임진강 통일대교를 통해 들어가는 판문점은 800제곱미터 공간에 군사정전위원회 사무실 등 24개의 건물이 들어선 공동경비구역이다.

북측이 JSA 북쪽지역에 판문각을 짓고 남측도 '자유의 집' 등을 신설하면서 경쟁적으로 부속건물들을 신축했지만 군사분계선을 중심으로 설치된 군사정전위원회 사무실 등 조립식 건물이 주는 첫인상은 그 자체가 영화나 드라마를 위한 하나의 세트장이다. 남북한 분단이 언제까지 지속될지도 모르는 상황에서 만들어진 이 건물들은 반세기 동안 정전협정 당사자들이 분단의 무대에서 그 역할을 하고 있는 점에서 틀림없는 세트장이다.

판문점은 두 주먹을 불끈 쥐고 선글라스를 쓴 채 북쪽을 응시하는 JSA 병사들의 굳은 표정이나 판문각에서 남쪽을 바라보면 근무를 서고 있는 북한 군인들의 침묵이 낮은 콘크리트 군사분계선 위로 늘 흐르고 있다. 그 침묵은 예나 지금이나 변함이 없지만 북한 핵문제 등이 발생할 때는 쌍안경으로 바라보는 북한 군인들의 표정이 클로즈업돼 전세계로 타전되고 한반도의 불안감이나 위기를 확대시켜 보여주는 파급효과를 가져온다.

서로의 관광객들을 안내하는 과정에서 군사분계선을 중심으로 스쳐가며 시선을 마주할 때도 남북한의 긴장감을 보여주는 방향으로 사용된다. 그래서 눈에 뻔히 보이는 공간이지만 외신기자들이 판문점을 스케치할 때는 일부분을 따기 위한 망원렌즈를 지참하는 것이 필수적이고 허용된 시간내에 그 순간을 잡기 위한 기다림이 이어진다. 망원렌즈야말로 한 부분을 크게 따서 확대시켜 볼 수 있는 기본적인 속성에다 남북관계를 보여줄 수 있는 상업성 높은 사진을 생산하는 도구이기 때문이다. 그래서 판문점은 분단의 당사자인 내신기자보다 외

마주 보고 있는 남과 북. 공동경비구역(JSA) 판문점에서 북한 경비병과 유엔사 소속 한국 병사가 마주 보고 경계근무를 서고 있다. 2003. 4.

한반도 분단의 창 JSA 판문점. JSA 판문점 취재에 나선 외신기자들이 세계로 타전할 만한 장면을 잡기 위해 망원렌즈로 기회를 엿보고 있다. 판문점은 한반도 분단상황을 집약적으로 보여주는 세계의 창이지만 망원렌즈를 통해 평화보다 긴장된 모습만 부각되는 면이 많다. 2003. 4.

신기자들이 더 많이 다니는 현상이 벌어지기도 한다.

　물론 일반인들이 신문 지면을 통해 접하는 사진처럼 남북한이 대립하고 있거나 긴장감 넘치는 역사적인 순간은 그렇게 많지 않기 때문에 경비병들이 돌아다니다 멀리서라도 우연히 교차할 때가 셔터 찬스다. 북한 경비병들도 사진에 가능한 찍히지 않기 위해 창문 너머로 슬그머니 모습을 감추는 경우가 많다.

　판문점이 한반도 사태를 짐작해 볼 수 있는 바로미터 역할을 하는 것을 부인할 수는 없지만 문제는 한반도와 비무장지대 가운데에서도 유독 이곳만 확대되거나 과장되는 상황이 변함없이 이어지고 있다는 것이다. 이는 외신들이 불안과 긴장감이 흐르고 있는 곳으로 한반도를 세계에 알리는 역할을 해 왔고, 세계의 신문들이 늘 이와같은 사진을 요구하고 있는 특성과 밀접한 관계가 있다. 그래서 외신기자로 활동하는 한국인들은 판문점의 모습을 있는 그대로 보여주는 것이 필요하다는 소신을 가지고 있으면서도 세계의 신문과 잡지들이 요구

비무장지대를 찾아서

하는 사진을 생산해야 하는 어려움을 토로하기도
한다.

2003년 2월 14일, 2010년 동계올림픽 후보지로 올
라간 강원도가 평창 용평리조트에서 국제올림픽위
원회(IOC) 현지 실사단에게 첫 프리젠테이션을 갖
는 날, 한 외국 신문 1면에는 긴장감 넘치는 판문점
사진이 실렸다. 비교적 공정하다는 명성을 얻고 있
는 외국 신문사에서 편집한 지면 첫 장에 그 사진이
등장했으니 평창을 홍보하기 위해 그 신문 사이에
끼워 두었던 광고지는 효과를 볼 리가 없었다. 북한
핵 위기가 한반도를 짓누르고 있는 시점에서 분단
된 국가, 분단된 최전방 강원도에서 개최하는 동계
올림픽이 안정적으로 이뤄질 수 있다는 확신감을
외국인들에게 심어 주어야 하는데 곤혹스러운 일
이 아닐 수 없었다. 동계올림픽 개최 능력을 점검하
는 이날 프리젠테이션에서 북한핵과 관련된 IOC

독특한 판문점 경비병의 근무 자세. JSA 판문점
군사정전위원회 사무실에서 유엔사 소속 경비
병이 선글라스를 쓰고 긴급상황 발생시 권총을
뽑을 수 있는 독특한 자세로 근무를 서고 있다.
2003. 4.

실사단의 질문이 주로 쏟아진 것은 피할 수 없는 일이었다.

판문점은 정전협정 체결 당시부터 현위치로 옮겨 온 이래로 경비병들의 왕래가 부분적으
로 이뤄졌으나 1976년 8월 18일 판문점 유엔군 3초소 인근에서 벌어진 도끼만행사건 이후 폭
50센티미터, 높이 5센티미터의 콘크리트 군사분계선이 설치되면서 금지됐다.

이에 따라 1984년 11월 23일 판문점 관광을 하던 평양 주재 소련대사관의 외교관 1명이 망
명하는 과정에서 총격전이 발생해 유엔사 소속 한국군 장명기 일병이 숨지고 미군 1명이 부
상하는 사건이 벌어질 때까지 양측 경비병들의 마찰은 현격하게 줄어들었다.

군사정전위원회와 그 부속건물 주변으로는 1미터 높이의 콘크리트 기둥 59개가 10미터 거
리를 두고 군사분계선 역할을 하고 있으며 좀더 벗어나 서부전선과 중동부전선으로 가면
300-500미터 거리로 팻말이 설치돼 있다. 그러나 군사분계선 사이가 선으로 이어져 있는 것

이 아니어서 우발적으로라도 넘을 경우 충돌이 벌어질 수밖에 없었다.

그 상황은 나무로 된 책상을 두 명이 함께 사용하던 시절 가운데로 선을 그어 넘지 못하게 하고 이 경계선은 의자와의 사이에도 암묵적으로 적용돼 신경전을 벌이던 상황과 다를 바가 없다. 초등학생들의 치기어린 장난과 싸움의 원인이 된 선이 국토 중앙으로 확대된 것이 군사분계선으로 볼 수 있다. 하지만 다른 점은 간혹 두 학우가 선을 넘어 싸움이 벌어질 경우 반장이나 선생님이 중재자로 나서 똑같이 벌을 주거나 청소를 시켰지만 JSA는 그 역할을 할 수 있는 객관적인 중재자가 없다는 것이다.

최근 판문점이라는 단어보다 생소한 JSA가 국민들 사이에 회자되는 것은 이를 소재로 한 영화 때문인 것 같다. 모두들 영화에서 본 것을 머리에 떠올리며 그러한 상황이 가능한지를 물어보는 것이 판문점 안내자들이 받는 주요 질문이다. 관광객들은 조명을 비롯해 재미와 흥미, 긴장감이 적절하게 버무려진 영화 속의 JSA와는 달리 현실의 판문점은 차이가 많기 때문에 사실 여부를 확인하고 싶어질 것이다.

유엔사는 영화 제작 전에 중립국 여군장교의 역할이 설정된 것에 대해 실제와는 달라 재고를 요청했으나 제작상 꼭 필요하다는 영화사의 주장 때문에 받아들여지지 않았다는 후문이다. 어쨌든 그 여배우는 이 영화를 통해 그 얼음장 같으면서도 침착한 이미지를 구축했고 탄탄대로의 인기를 누리고 있다. 그러나 이러한 상황을 아는 사람들도 굳이 문제를 크게 제기하지 않는 것은 긴장감 넘치고 흥미있는 것을 기대하는 속성 때문일지도 모른다. 실제와 다르다는 점을 알더라도 영화를 보면서 느끼던 재미까지 포기할 필요는 없으며, 군사분계선에서 남북한 군인이 어울리는 장면이 현실에서 연출되는 날을 손꼽아 기다리는 기대도 숨어 있다.

까다로운 출입절차만 개선된다면 영화 제작을 위해 경기도 양수리에 세워졌던 판문점 세트장과 공동경비구역의 실제 공간이 크게 다르지 않다는 느낌을 지울 수 없다. 판문점은 자녀를 동반한 가족단위나 개별적인 방문이 엄격하게 통제돼 있어 30인 이상 단체관광에 한해 관광이 허용되고 있는 실정이다. 공식적으로는 국정원장이 신원보증을 해야 하는 것으로 돼 있으며, 신원조회에 이상이 없어야 군사분계선 이남의 JSA를 둘러볼 수 있다. 이곳을 관리하고 있는 유엔사도 만일 관광객들이 군사분계선을 갑자기 넘어갈 경우 보호해 줄 수가 없거

판문점 북한초소와 미군 차량. 유엔사 소속 미군 차량이 지나가는 판문점 너머 북한 초소 주변으로 개나리꽃이 활짝 피어 있다. 2003. 4.

나 골치아픈 일로 비화될 수 있기 때문에 항상 관광객 관리에 신경을 바짝 쓸 수밖에 없다. 남 북관계 업무를 맡거나 일정한 직책을 가지고 있는 사람을 제외하고 분단의 당사자들이 자유 롭게 방문할 수 없는 현실은 판문점이 상징적으로 보여주는 모순의 현실이 아닐 수 없다.

4. 경순왕릉과 김신조 침투로

판문점에서 나와 둘러볼 곳은 신라의 56대 마지막 임금인 경순왕(재임기간 927-935)의 무 덤이 자리잡고 있는 연천군 백학면 고랑포리다. 군부대 초소에 출입신고를 한 뒤 안내를 받아 올라가는 길에는 지뢰를 경고하는 빨간 역삼각형 팻말이 철조망에 매달려 있다.

경순왕은 후백제 견훤의 공격으로 무고한 백성들을 지켜 낼 수 없는 난국에 처하자 재위 9년째 되던 해 군신회의를 열어 왕건에게 나라를 넘겨 주는 결단을 내리게 된다. 그러한 경순왕의 인생역정이 신라의 임금 가운데 경주지역을 벗어나 휴전선 민통선에 갇히게 된 사연이다.

경순왕은 왕건의 신하로 43년을 더 살다가 이곳에 묻힌 뒤 잊혀졌으나 조선 영조 때 '시호 경순왕을 왕의 예우로 장단 옛 고을의 남쪽 8리에 장사지내라'는 비문이 발견되면서 능의 주인으로 밝혀졌다. 6·25전쟁 이전까지 이곳은 장단면에 속해 있었고, 개성은 자동차로 잠깐이면 갈 수 있는 30킬로미터 정도밖에 떨어져 있지 않다. 그래서 6·25전쟁 당시의 총탄 흔적을 끌어안은 채 임진강을 늘 바라보고 있는 경순왕릉은 무엇인가를 기다리고 있는 모습 같다.

천년사직을 넘겨야 하는 망국의 한을 경순왕인들 모르는 것은 아니었지만 백성들을 다치

경기도 연천군 임진강변 고랑포리 민통선 지역에 서 있는 신라의 마지막 왕 경순왕의 총탄을 맞아 훼손된 비석. 2001. 9.

게 할 수 없다는 그의 국정 철학은 되새겨 볼 가치가 많다. 사실상 두 개의 국가가 존재하는 한반도에서 통일이 무르익는 훗날 어느 지도자는 경순왕과 같은 선택을 할 수밖에 없는 상황이 오지 말라는 법도 없기 때문이다.

그의 무덤을 내려오는 길 주변으로는 땅굴 탐사를 위해 숭숭 뚫어 놓은 구멍이 있는데 분단의 현실은 땅속마저 침범의 대상으로 만들어 놓은 것 같다. 이상한 기계음이나 갑자기 물이 솟구치는 징후가 발생하는지 여부를 관찰하기 위한 것으로 지하수 개발업자들이 버리고 간 폐공과 흡사하다.

이 고랑포리에서 동북쪽으로 8킬로미터 떨어진 비무장지대에서는 1974년 11월 15일 제1땅굴이 발견됐다. 1972년 7·4 남북공동성명으로 마치 통일이 이뤄지는 것처럼 기대하던 시점에서 북한이 지하 45미터 아래로 만든 높이 1.2미터, 폭 90센티미터 규모의 남침용 제1땅굴은 충격적이었다. 이 땅굴은 지반이 연약하고 안전에 문제가 있다고 판단돼 현재 일반인들에게 공개되지 않고 있다.

북한의 월맹군들이 이용했던 땅굴전술에서 힌트를 얻어 만든 남침용 땅굴은 1975년 3월 19일 강원도 철원군 동송읍 이진리 북방 13킬로미터 지점 제2땅굴, 1978년 10월 17일 파주시 군내면 조산리 판문점 남방 4킬로미터 지점 제3땅굴, 1990년 3월 3일 양구군 해안면 현리 북방 26킬로미터 지점 제4땅굴 등의 발견으로 이어지는 첫 신호탄이 됐다. 고랑포 인근 제1땅굴을 기점으로 휴전선 일대에서는 지금도 땅굴탐사 전문요원들이 제5땅굴 가능성을 두고 촉각을 곤두세우고 있다.

경순왕의 무덤을 되돌아 나와 평탄한 구릉지대로 난 비포장도로를 따라가면 조그만 도랑 옆으로 휴전 이후 가장 우리들의 간담을 서늘하게 했던 김신조 침투 장면이 재현돼 있다.

대남침투를 담당하던 북한군 제124군 소속 31명의 침투조는 1968년 1월 16일 개성을 출발, 당시 미군이 맡고 있던 비무장지대의 철조망을 절단하고 넘어왔다. 이들은 땔나무를 하던 주민들의 신고로 쫓기면서 다급하게 청와대를 향해 내려오다 21일 서울 세검정에서 발각돼 대부분 사살됐으며, 살아 남은 사람은 김신조 중위와 북으로 도주한 1명에 불과했다.

이곳은 '안보관광'을 위해 침투 장면을 재현해 놓은 철조망과 망루, 조형물 등이 설치됐으나 관광객들이 이구동성으로 내뱉는 말은 당시 허술하기만 했던 전방의 경계태세 문제점이다.

설상가상격으로 김신조 침투사건이 터진 지 이틀 뒤인 1월 23일 오후에는 원산 앞바다 공해상에서 정보 수집활동을 하던 미 해군 첩보함 푸에블로호가 북한 경비정에 의해 납치되는 사건까지 겹쳐 그해 한반도는 극도의 위기에 휩싸였다. 이어 북한은 1968년 10월 30일부터 11월 2일까지 강원도 울진·삼척지구에 남조선 혁명기지를 건설하기 위해 120명의 비정규 전투요원을 침투시키기까지 했다. 김신조 침투사건과 관련해 한국과 유엔사측은 북한의 침략적 행동에 대해 항의했지만 북한은 '미제와 박정희 도당을 반대하는 남조선 인민들의 애국적인 투쟁'이라며 발뺌했다.

1966년부터 늘어나기 시작한 북한의 무장침투나 무장공격은 1967년 114건으로 늘어나고 1968년에는 181건의 심각한 사건이 발생했다. 그러나 대통령이 청와대에서 잠들어 있던 일요일을 선택해 감행된 김신조 침투사건을 계기로 허술했던 휴전선 경계망이 대폭 강화되고 예비군도 창설됐다.

북한도 그해 동해에서 나포한 푸에블로호를 대동강변에 전시해 놓고 미국의 침략적 모습이라며 관광객을 맞고 있으니 이 해에 발생한 두 사건은 남북한 대결의 골을 더욱 깊게 만든 최대의 사건임에 틀림없다.

5. 역사·문화 그리고 전쟁박물관 철원

강원도 철원은 서부전선의 특징인 평야와 중동부전선의 산악지형이 연결되는 곳으로, 일제시대부터 시작된 한민족의 과거가 묻혀 있는 역사박물관이다. 그리고 냉전시대 전쟁이 남긴 건물과 폐허로 변한 철교, 지뢰밭 등을 되돌아 볼 수 있는 노천 전쟁박물관이다.

서울을 출발해 원산으로 가던 경원선 열차는 연천군 신서면 신탄리에서 '철마는 달리고 싶다'는 문구와 함께 더 이상 북쪽으로 갈 수가 없다. 이와같은 표지판은 파주시 문산에도 서 있다 임진강역까지 기차가 운행되면서 사라졌는데 경원선은 아직 남북한이 복원할 움직임이 보이지 않고 있다. 여기서부터 철길은 오랜 세월 속에 점차 원형을 잃어가고 있다.

연천과 철원이 마주하는 지점에는 기차가 달리던 터널이 가운데가 무너진 채 방치되고 있다. 북쪽 입구에는 접근을 불허하기 위한 커다란 웅덩이가 패여 있으며, 터널 입구에는 철조망이 둘러져 있다. 이곳은 봄철 꽃샘추위로 페터널 천장에서 떨어지는 물이 석회동굴에서 생성되는 종유석처럼 얼음기둥을 만들어낸다. 100여 미터 앞에는 경원선 철교가 교각 위에서 덩그러니 눈·비를 맞으며 녹슬어 가고 있다.

철원으로 들어가는 3번 국도에는 과거 민간인들의 출입을 통제했던 민통선 초소가 있었지만 지금은 초병들이 철수해 텅 비어 있다. 이 초소에서 뒷편 야산으로 보이는 철원군 철원읍 율리리 614번지가 바로 「메밀꽃 필 무렵」의 작가 이효석, 단편소설 「동백꽃」의 김유정과 함께 일제시대 구인회 회원이었던 상허 이태준이 태어난 곳이다. 가만히 생각해 보면 그 민통선을 지키던 초소는 상허가 살던 당시 이웃집 기와집이 있었을 자리였을 것이다.

생가터는 처음 오는 사람은 눈앞에 두고도 찾지 못할 정도로 남아 있는 것이 전혀 없으나 최근 철원문학회에서 팻말 하나를 세워 놓아 상황이 조금은 나아졌다. 하지만 겨울철이면 지뢰를 매설하기 위한 공간 확보 차원에서 군인들이 플라스틱 병들을 일렬로 묻어 두는 곳

상허 이태준의 생가터. 소설가 이태준이 태어난 철원군 철원읍 생가터 위로 겨울철 지뢰매설 훈련을 하면서 꽂아둔 막대기가 자리잡고 있다. 오른쪽으로 보이는 집이 얼마 전까지 출입을 통제하던 민통선 초소이며, 그 앞에 일직선으로 나 있는 둑이 옛 경원선 철길이다. 2003. 2.

으로 변했다. 생가터 너머로는 경원선 열차가 지나가던 철길 제방이 아직도 수평선처럼 남아 있어 그와 호흡할 수 있는 실마리를 제공한다.

상허의 어린 시절은 고단하고 불우했는데 그의 자전적 소설 「고향」에서 출생지라는 그런 관념밖에는 아무것도 없었다고 밝히고 있다. 그렇지만 '용담 이야기'에서는 고향을 예찬한 대목도 나온다.

> 내 고향 용담(龍潭)은 산 많은 강원도에 있다. 철원 땅이지만 세상에 알려진 금강산 전철과는 아무런 상관없이 고요히 정차장도 없는 경원선 한 모퉁이에 산을 지고 산을 바라보고 그리고 사라지는 연기만 남기고 지나다니는 기차들을 물끄러미 바라보고 앉아 있는 조그만 산촌이다.
>
> 서울서 차를 타고 나면 세 시간이 다 못 되어 이 동네 앞을 지난다. 차가 지날 때마다 채마밭 머리 장독대에서 사람들이 내다본다. '내다. 오오' 하고 소리는 못 질러도 수건을 내어 흔들면 모두 알아보고 형님뻘 되는 사람 동생뻘 되는 사람들이 10리나 되는 정차장길에 마중나온다. 용담은 아름다운 촌이다.
>
> 그러나 용담은 슬픈 곳이다. 내 옛집이 없고 내 부모가 안 계셔서 슬픈 것은 아니다. 어려서 이만 글자라도 가르쳐 준 봉명학교는 망해 없어지고 천진스럽게 장난할 궁리밖에 모르던 모든 죽마(竹馬)들은 대개는 생업을 찾아 동으로 서로 흩어졌다. 몇 사람의 남아 있는 친구도 있지만 황폐해 가는 동네를 지킬 길이 없어 팔아먹는 조상의 무덤이나 바라보고 한숨짓는 나그네뿐이다.
>
> 오오 즐거운 고향이여!
> 그리고 슬픈 고향이여!

돌이켜 보면 휴전선으로 국토가 분단되면서 그의 생가터는 얼마 전까지 민통선 안에 갇혀 있었고, 그의 문학도 월북작가라는 이유로 40여 년간 묶여 있었다. 그의 생가터를 지나면서 경원선 열차가 가던 철길은 농경지로 개간돼 흔적이 없다. 또 미확인 지뢰밭과 철원역이 있던 자리를 지나면 열차가 가던 방향조차 가늠해 보기 어려울 정도다.

일제시대 5만여 평에 서기관급 역장을 비롯해 80명의 역무원들이 근무하던 철원읍 외촌리 565번지 옛 철원역은 관광객을 위해 1988년 4,230만원의 예산을 들여 궤도와 신호기 등을 복원해 놓았으나 이곳을 찾는 관광객들은 거의 없다. 농민들이 비료와 같은 농자재를 한쪽에 쌓아 두거나 전방 군인들이 행군을 하다 총과 배낭을 풀어놓고 잠시 쉬어 갈 정도다. 여름이

6·25전쟁 이후 폐허가 된 철원역에서 훈련나온 군인들이 휴식을 취하고 있다. 2001. 6.

면 사람들이 찾지 않는 녹슨 철로 사이로 딸기가 탐스럽게 익어간다.

철원역은 서울과 원산을 잇는 총 연장 226킬로미터 가운데 자리잡고 있었고, 내금강역까지 가던 금강산 전기철도까지 출발하던 시발점이었다. 이곳에서 당시 경성까지는 16개 역 101킬로미터를 1시간 59분, 원산까지는 18개역 125킬로미터 3시간 10분이 걸렸다.

한일합병 직후인 1910년 10월 15일 조선총독부 철도국이 주민들을 강제로 동원하고 10월 혁명에서 추방된 러시아인들을 고용해 착공한 경원선은 1914년 원산에서 개통식을 가졌다.

강원도내에서 가장 먼저 부설된 이 경원선은 6·25전쟁으로 황폐되고 현재 남쪽 구간은 서울에서 신탄리까지, 북쪽은 원산에서 가곡까지 운행하고 있다. 군사분계선으로 두절된 구간은 신탄리에서 가곡까지의 16킬로미터 정도다.

철원평야를 달리던 열차는 철원읍 월정리 남방한계선에 있는 최북단역 월정리역에서 주저앉아 있다. 원래 월정리전망대 앞 비무장지대에 있었는데 옮겨다 설치해 놓은 것이다. 부서진 철마 옆에서 월정리역을 바라보고 있으면 관광객들이 열차표를 사기 위해 들어오는 것

2. 휴전선 여정

뼈대만 남은 경원선 철마. 6·25전쟁 당시 북한으로 향하다 유엔군의 폭격으로 주저앉은 경원선 철마가 월정리역 앞에 앙상하게 남아 있다. 주변 정돈사업으로 현재는 철제 울타리에 갇혀 있다. 2000. 7.

같은 착각이 든다.

달빛이 우물에 비쳤다는 아름다운 전설에서 탄생한 월정리(月井里)에는 우물의 흔적 대신 개머리판을 꺾을 수 있는 K-2소총을 둘러맨 군인들이 수도꼭지 주변에서 목을 축이는 풍경이 전부다.

월정리역 녹슨 철마 잔해 주변으로는 관광자원 확충과 훼손방지라는 이름으로 2000년 새로운 울타리가 설치됐다. 부서진 철마의 잔해 위로 올라가 장난을 치던 개구쟁이들은 성공적으로 차단했지만 관광객들의 눈길을 받던 역사의 유물은 박제품 수준으로 전락해 버렸다.

설상가상으로 중고 디젤기관차까지 철도청에서 끌어다 설치했으나 6·25전쟁 당시 서울—원산을 달리던 경원선 증기기관차와 다른 데다 서울—부산이라는 표시까지 지워지지

복원을 꿈꾸는 경원선과 금강산 전철. 경원선 철길(왼쪽)과 금강산 철길이 지나가던 철원역 너머 DMZ 상공으로 복원될 꿈을 꾸는 듯한 뭉게구름이 깔려 있다. 2000. 6.

않아 실소를 금치 못하게 하고 있다.

월정리역 주변 초소에 근무하는 병사들은 오후가 되면 일제히 군장검사를 실시하고 남방한계선의 철문을 열고 비무장지대로 투입된다. 그곳은 후삼국시대 도읍을 정한 궁예의 꿈이 서려 있다.

동전을 넣고 들여다보는 망원경으로는 고암산 아래 평강고원에 자리잡고 있는 북한의 농장이 눈에 들어온다. 지금은 군사분계선이 잡초 사이로 가로지르고 남방한계선과 북방한계선 주변으로 남북한 군인들의 초소가 대치하고 있지만 원래 일제시대부터 농사를 지어 오던 곳이다.

모두들 이 사실을 한동안 잊은 듯 지냈으나 1997년 미수복 철원군민회와 철원군번영회가 6·25전쟁 이후 황무지로 버려져 있는 이 비무장지대 '북면뜰'을 남북한이 공동으로 경작하자는 의견을 내놓으면서 주목을 끌었다. 철원읍 홍원리 비무장지대를 남북한이 공동으로 경작한다면 북한 주민들의 식량난을 해결하는 데도 한몫하고 통일의 물꼬를 틀 수 있다는 기대감도 들어 있었다.

반세기 동안 농민들이 바라만 보고 감히 접근할 수 없었던 그 대상은 철원군 북면 비무장지대에서 북한의 평강군 남면에 걸쳐있는 6천454헥타르의 휴경지로 남북한이 공동경작할 경우 연간 3천 97만 킬로그램의 쌀을 생산할 수 있다는 추산이 가능하기 때문이다. 이곳은 일제시대인 1922년 만주와 백러시아에서 노동자들을 동원해 평강군 남면에 봉래저수지(봉래호)를 축조한 뒤 황금 들녘으로 자리잡았다.

저수량 4천545만톤에 유역면적이 1만5천200헥타르인 초대형 봉래호는 비무장지대에 갇혀 버린 광활한 평강고원에 물을 공급하고 철원 쌀의 명성을 높이는 역할을 톡톡히 했다. 하지만 6·25전쟁이 끝나고 1960년대 후반까지 남쪽으로 물을 내려보내던 봉래호는 북한에 의해 물줄기가 차단되면서 철원평야에 막대한 가뭄 피해를 주었다.

전라도와 함경도 주민까지 강제로 이주시켜 벼농사에 동원했던 일제는 생산된 쌀은 그대로 일본으로 가져갔다. 그렇지만 이번은 남측이 농기계를, 북측은 인력을 제공해 공동생산을 해보자는 제안이었다. 사실 50년이 지났지만 이 지역은 남북한 군인들이 수시로 잡목 제거 작업을 실시해 큰 나무들이 자랄 수 없는 상태이기 때문에 남북한 합의가 이뤄진다면 개간사업이 어려운 것만은 아니었다.

철원읍 월정리전망대 앞을 가리고 있는 아카시아 잡목은 사실상 얼마 되지 않으며 자세히 들여다 보면 그 너머로 북한 평강고원의 들녘이 손에 잡힐 듯 자리를 잡고 있다. 철원평야 아이스크림 고지 정상에서 북녘을 바라보면 남북한으로 나눠진 이 분단 공간이 실제로 하나였음을 알 수 있고, 잡목이 서 있는 비무장지대도 드넓은 시야를 가리지 못한다. 당시 미수복 철원군민회 이근회(李根澮) 회장은 "민족분단으로 비무장지대의 비옥한 땅이 버려져 있고 북한 주민들도 식량난을 겪고 있는 현실이 안타깝다"면서 "남북한이 북면 뜰을 공동으로 경작하는 것은 냉전 분위기를 해소하고 평화통일을 앞당기는 데 한몫을 할 것"이라고 밝혔다. 그의 고향이 바로 북면이었고 어렸을 적 아버지와 같은 마을 사람들이 농

녹슬어 가는 금강산 전철 철교 동판. 일제시대 금강산 전철이 달리던 철교의 제작연대와 제작업체를 표시한 동판 위로 담쟁이덩굴이 기어오르고 있다. 일본 NHK는 철원을 취재할 때 이 그림을 담아 가지만 우리 나라 사람들은 알지도, 알고 싶지도 않은 장소인 것 같다. 2001. 10.

사를 짓던 것을 알고 있었으니 그 옛날의 모습을 되찾고 싶었을 것이다.

이곳은 한반도 물류·교통의 중심지에 놓여 있다 보니 남북이산가족 면회소나 농업교류를 위한 전진기지를 구축하자는 등의 이야기가 가끔 튀어나오고 있다. 그러나 안보문제가 최선이던 시대를 지나 환경문제가 비무장지대 개발 여부를 좌지우지하는 시대를 맞아 남북한 공동경작이 성사될지는 예상하기 어렵다.

북면 뜰 공동경작 문제도 농부들의 눈에는 특별히 보호할 것이 없으며 본격적으로 개간하면 오래 걸리지 않을 것으로 내다보지만 환경론자들은 각양각색의 풀 이름까지 제기하며 보호론을 펼칠 것이 뻔하기 때문이다.

경원선 철마가 달리고 농민들이 그 주변에서 농사를 짓던 이곳 비무장지대는 전쟁 이후 방치되고 있지만 철책선이 걷히는 날이 가까워질수록 그 쓸모가 더욱 높아질 수밖에 없다. 이

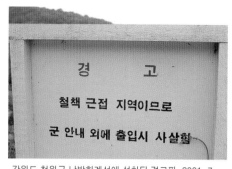
강원도 철원군 남방한계선에 설치된 경고판. 2001. 7.

와 더불어 북면 뜰이 그 평화와 교류로 가는 길목에 자리잡고 있는 이상 물류·교통·농업의 중심지로 가꾸자는 개발계획과 아프리카 사파리 공원처럼 평화공원(Peace Park)을 만들자는 낭만적인 보호방안이 치열한 논쟁을 벌일 것이다.

북면 뜰에서 오른쪽으로 조금 떨어진 남방한계선 주변으로는 강산저수지(관개면적 840ha)가 놓여 있다. 철원평야에서 농사짓는 사람들을 제외하고는 겨울철 철새먹이를 주는 사람들이 모여드는 이정표로 잘 알려져 있다. 최전방 지역에 이처럼 규모가 큰 인공 저수지가 만들어진 것은 북한 봉래호에서 내려오던 물길이 북한에 의해 차단되면서 가뭄 피해가 발생하자 군복을 입힌 인부를 동원해 저수지를 축조했기 때문이다. 왼쪽으로 백마고지 인근 철원읍 산명리 산명호(관개면적 420ha)도 그러한 이유 때문에 만들어졌는데 남방한계선 지역에 있어 출입이 철저히 차단되고 있다. 인공 저수지는 동쪽으로 5분 거리에 있는 동송읍 양지리 토교저수지(관개면적 1천555만 6천ha)도 있는데 이 역시 봉래호의 물길이 끊어지자 긴급하게 축조한 것이다.

다시 오던 길을 되돌아 내려오다 철원역부터 시작되는 금강산 전기철도가 지나가던 옛길을 따라가 볼 필요가 있다. 이곳의 대표적인 건축물은 휴전선 지역에서 격동의 과거사를 가장 상징적으로 보여주고 있는 철원군 철원읍 관전리 옛 북한노동당 철원당사다. 자본주의 국가에 남아 있는 대표적인 공산주의 건물로 인공치하 시절 소련식 무철근 콘크리트 기법과 르네상스식 건축양식이 혼합돼 만들어져 이국적이다.

강당으로 사용하던 3층은 유엔군의 폭격으로 없어지고 2층은 공산당 간부들의 집무실로, 영어와 한글로 낙서가 돼 있는 1층은 민원접수 등의 업무를 보던 곳이다. 현관에서 지하실로 내려갈 수 있는 곳은 관광객들에게 개방되면서 흙으로 메워졌다.

노동당사는 민통선 지역에서 해제되기 전까지 방치되다 최근 문화재청에 의해 전통과 현대를 이어주는 과도기인 근대의 문화유산으로 인정받았고, 최근에는 각종 문화행사도 열리고 있다. 특히 2000년 10월, 서울에서 열린 아셈 비정부기구(NGO) 포럼 참석자들은 20세기

철제 펜스가 설치되고 농작물을 심기 전 개망초가 우거져 있던 철원 노동당사 뒷편.

의 가장 치열했던 냉전의 유적지인 한반도 DMZ를 21세기 평화생명의 텃밭으로 만들자는 '평화지대 선언문'을 노동당사 앞에서 발표했다.

이 건축물이 숨기고 있는 비극의 극치는 아직도 포탄과 총탄 구멍이 그대로 남아 있는 폐허의 미학인데 2001년부터 출입을 금지하기 위한 울타리가 건물 주변으로 설치되면서 아쉽게도 옛 정취를 잃어 버렸다. 시설물이 오래돼 붕괴 위험이 있다고 하지만 관광객들이 낙서를 하거나 방뇨하는 등의 무분별한 행동을 막을 수가 없었던 이유가 더 크게 작용했을 것이다. 그 결과 북한 인공치하에서 대한민국 관할로 넘어온 노동당사는 전쟁과 이념이 남긴 황량한 모습을 더듬어 보기에는 너무나 깨끗하게 정돈돼 버렸다. 건물을 바짝 에워싼 철제 울타리 사이로 자갈을 깔아 놓고 야간에 조명효과를 주기 위해 조명전등까지 설치돼 이곳에서 무슨 일이 일어났는지 상상하는 것이 점차 어려워지고 있다.

전쟁 이후 민통선 지역에 묶여 있어 마치 DMZ 유물처럼 소개됐던 철원 노동당사는 6·15 남북정상회담 이후에는 신혼부부들이 찾아와 폐허를 배경으로 미래를 담기도 했다. 그전에는 노동당사에서 이러한 모습을 연출하면 관계기관에 필름을 압수당했는데 남북 정상이 평양에서 만난 뒤에는 별다른 제지가 없다. '접근금지'라는 팻말과 함께 철제 울타리가 설치되면서 이제 신혼부부뿐만 아니라 관광객들은 더 이상 그 공간을 거닐 수 없게 됐다. 단 특별한 용무가 있으면 관리자의 안내를 받아 열쇠를 따고 들어갈 수 있다.

노동당사는 영상세대에게도 '서태지와 아이들'이 '발해를 꿈꾸며'라는 뮤직 비디오를 찍은 곳으로 알려져 있지만 통속화한 모습에 전쟁을 막고 평화를 꿈꾸자는 마음은 예전만큼 절실해지지 않는다.

매년 여름이면 노동당사 입구 왼쪽에서 '상전벽해'의 세월을 일러주듯 오디를 주렁주렁 매달고 있던 뽕나무는 정비과정에서 없어졌다. 부서진 창틀 너머 뒤편으로 초가을부터 피어나던 개망초꽃들도 옥수수나 깨밭에 자리를 내줬다. 전적지 정비 및 보존사업으로 노동당사뿐만 아니라 인근 농산물검사소와 얼음창고에도 철제 울타리가 설치됐다.

동서 냉전시대를 상징하는 역사적 유물을 체계적으로 관리하고 관광상품화하기 위한 조치이겠지만 정비 이전에 이 지역을 다녀갔던 사람들은 민들레꽃이 폐허 주변에서 피어나며 만들어내던 아름다움을 그리워하고 있다. 농민들이 파를 심던 얼음창고도 정비되면서 현대와 과거가 어색하게 동거하고 있다. 전방지역을 찾는 사람들이 현대화한 관광자원에 아쉬워하는 문제는 앞으로 전방지역 관광자원을 정비할 때 눈여겨볼 필요가 있다.

금강산 전철은 1931년 철원역을 출발점으로 내금강까지 28개의 역 116.6킬로미터를 운행했으며, 금강산전기철도주식회사가 관리 및 운영을 맡았다. 일제는 창도지역의 지하자원인 유화철을 흥남을 통해 일본으로 반출하기 위해 주민들을 강제로 동원하거나 중국인을 고용해 1921년부터 1926년까지 창도까지 철도를 건설했다. 이어 1931년 7월 1일까지 내금강까지 철로 50킬로미터를 연장하고 전기시설로 대체해 관광객과 지하자원을 실어 나르기 시작했

철원 농산물검사소로 이용되다 6·25전쟁으로 파괴된 건물 주변으로 5월을 맞아 민들레꽃이 만발해 있다. 하지만 자갈을 깔아 놓고 철제 펜스를 둘러 놓아 지금은 옛 정취가 사라졌다.

다. 종착역인 내금강역까지는 4시간 30여 분이 걸렸으며, 매일 8회씩 운행했다. 요금은 당시 쌀 한 가마 값과 맞먹는 7원 56전이었으로 일반인들은 엄두를 내지 못할 수준이었다. 하지만 대동아전쟁 말기인 1944년 창도역에서 내금강까지 연장했던 선로를 뜯어내 군수물자로 충당하고 해방과 동시에 인공치하에 들어가면서 군수물자 수송용으로 이용되다 전쟁으로 완전히 파괴됐다. 아직 남아 있는 이 금강산 철교에는 제작회사와 제작연도(소화 원년)를 알 수 있는 문구가 붙어 있다.

이 철로는 남방한계선 아래로 흐르는 갈말읍 정연리 한탄강에 이르러 그 육중한 흔적을 드러낸다. 최근 복원된 경의원 임진각 자유의 다리를 제외하고는 휴전선 지역에서 가장 규모가 큰 철교다. '끊어진 철길! 금강산 90키로'라는 글씨가 씌어진 철교 측면을 돌아 입구로 올라가면 어느덧 반세기가 지나면서 바람결에 날아온 나무 종자가 침목 위에서 뿌리를 내려 자라나고 있다.

여기서도 전철이 다니던 선로는 6·25전쟁을 겪으면서 모두 사라지고 농지로 개간돼 김화읍 생창리 민통선 상류 남대천에 이를 때까지 과거의 모습을 회상하기 힘들다. 단지 김화역 터를 알리는 콘크리트 구조물이 농경지 가운데 남아 있을 뿐이다. 김화역은 철원쌀 한 말을 들고 기차를 타면 회양과 원산 등 동해안에서 머리에 이고 올 수 없을 정도로 많은 해산물과 바꿔 돌아오던 곳이다.

암정교 입구에는 원산과 회양 등의 거리를 알려 주는 낡은 콘크리트 이정표가 외롭게 서 있다. 암정교는 일제 때 건설됐으나 최근 두 번의 수해까지 견뎌내고 농기계들이 다닐 수 있을 정도로 견고하다. 전쟁 이후 보수공사가 이뤄지지 못해 난간은 폭격 맞은 상태로 붙어 있다. 일부 무너져내린 교량 상판은 꽃밭처럼 돌을 둘러놓아 농기계가 빠지지 않도록 조치돼 있다.

금강산 가던 길목으로 알려져 있는 암정교는 이 지역 주민들에게 역사의 아이러니를 일께 워 준 곳이다. 일제시대 대동아전쟁에 나갈 것을 독려하고 다니던 순사가 해방 직후 주민들에 의해 쫓겨 달아나다 암정교 가운데로 몰리자 하천으로 뛰어내렸던 것이다. 지금은 자갈과 모래가 메워져 높이가 2미터 정도지만 급하다 보니 그 당시 상당히 높던 암정교에서 그대로 뛰어내린 것이다. 그러나 주민들이 놀란 것은 얼마 뒤 그 순사가 대한민국의 경찰이 되어

지뢰밭 옆 마을. 지뢰밭 옆으로 마을이 조성돼 있는 철원군 김화읍 생창리 민통선 마을. 장마철 물에 떠다니거나 유실된 지뢰가 마을로 흘러들지 못하도록 콘크리트벽(지뢰표지판과 주택 사이)을 설치해 놓았다.

서 다시 마을에 나타났다는 점이다. 일제의 앞잡이로 갖은 만행을 저지른 그가 합법적인 경찰이 되어 다시 등장한 것을 보고 주민들은 할말을 잊을 수밖에 없었다.

암정교에서 인근 용양보까지 금강산 전철 철로는 현재 농로로 이용되고 있다. 용양보는 금강산 전철이 지나가던 교각을 이용해 물을 막기 위한 보를 설치한 곳이다. 아직도 교각이 절반 가량 모습을 갖추고 있으며, 그 사이로 수문이 설치돼 있다.

금강산 전철은 이곳을 지나면 비무장지대 광삼평야를 거쳐 북녘으로 사라져 버린다. 더이상 흔적조차 찾아갈 수 없는 금단의 땅인데 광삼평야에는 간이역인 광삼역이 있다. 지금도 군사분계선이 지나가는 이곳 DMZ에는 광삼리 주민들에게 전기를 공급하던 철탑이 마치최근에 설치한 것처럼 뚜렷하게 남아 있다. 고압철탑 같은 이 구조물은 금강산 전철에도 전기를 공급했을 것이다. 이 전철이 금성-창도-현리를 지나 종착점이 가까워지는 단발령까지 해발 1천 미터가 넘는 험준한 산악을 지그재그로 올라가면 그 앞으로는 금강산의 비경이펼쳐졌다고 한다.

끊어진 금강산 철길. 반세기 이상
전철이 끊어진 금강산 철교가 한
탄강 위에서 언제 올지 모르는 기
차를 기다리고 있다. 2001. 6.

다시 암정교를 지나 남대천을 따라 내려오다 보면 강바닥에 쇠붙이가 누워 있는 것을 발견할 수 있다. 용양보 철교를 지나던 화물열차가 폭격을 받고 남대천으로 곤두박질한 뒤 장마철마다 조금씩 밀려 내려온 것이다. 게다가 모습이 조금씩 드러날 때마다 고철 장사꾼들이 떼어내 지금은 월정리역의 철마 잔해보다 더 앙상하게 망가졌다. 이마저 좀더 지나면 아예 없어질 것 같은데 대책은 없는 듯하다.

2001년 9월, 추수를 앞두고 있는 철원군 DMZ 주변 민통선 지역에서는 몰래 반입된 중국산 벼가 대량으로 재배되고 있는 것으로 확인돼 충격을 주었다. 비무장지대와 휴전선에 가로막힌 이 최북단 전방지역에서 중국 벼가 철책선 주변까지 번져 나간 자체가 눈길을 끌 수밖에 없었다. 이 중국 벼 밀반입사건은 철원 일부 단위농협에서 중국 벼를 수매하지 않는다는 입장을 밝히자 수매 위기를 맞은 농민들이 사정을 털어놔 알려지게 됐다. 사연을 듣고 찾아간 철원군 김화읍 남대천 주변 논에는 벼이삭을 힘겹게 짊어지고 있는 우리의 오대벼와 달리 하늘로 쭉쭉 뻗은 벼가 싱싱하게 자라고 있었다. 농민들은 벼가 익을수록 고개를 숙인다는 속담은 오대벼에 해당되는 것이며, 중국 벼는 익어서도 하늘을 찌를 듯이 꼿꼿하게 서 있다는 재배 경험을 들려줬다.

중국 벼는 북한에서 DMZ를 거쳐 내려오는 한탄강 주변과 휴전선이 지나가는 김화읍 유곡리 등 최북단 지역의 논까지 확산돼 있었다. 주민들이 이처럼 생소한 중국 벼를 심었던 이유는 이삭당 낟알이 100개인 오대벼에 비해 기후·지질이 적합할 경우 220-260개까지 달리며 줄기가 튼튼해 태풍이 몰려와도 절대 쓰러지지 않는 장점 때문이었다. 이와 함께 오대벼에 비해 병충해에 강해 농약을 거의 치지 않고 재배할 수 있으며, 밥맛도 크게 떨어지지 않는다는 것이다.

이 중국 벼는 비슷한 시기에 경기와 충청도 지역에서도 일부 재배되고 있는 사실이 농정당국에 의해 확인됐지만 그 가운데 철원평야에서 유독 확산된 것은 비옥한 화산암재로 토질이 이뤄져 중국 벼가 자라기에 적합한 조건을 갖추고 있었기 때문이었다. 여기다가 일부 농협 대의원들까지 종자로 사용하기 위해 중국 벼를 심어 두었고, 철원군도 시험포장에서 재배하고 있었기 때문에 농민들은 별 다른 의심없이 너도나도 중국 벼를 얻어다 심기 시작했던 모양이다. 그러나 2000년까지 잡벼로 수매를 해준 농협이 오대벼 명성을 떨어뜨릴 수 있

비무장지대를 찾아서

다고 판단해 그해부터 수매를 중단하면서 문제가 되기 시작했다. 농정당국은 중국산 벼의 밥맛이 떨어지며 미질도 좋지 않아 문제될 게 없다며 진화에 나섰다.

그러나 농정당국의 의견처럼 길림성 21호라는 중국 벼 품종은 미질이 떨어지고 병충해에도 약해 농민들이 더 이상 심지 않았으나 길림성 22호는 다수확 품종으로 소문이 나면서 3년째 퍼지고 있었다. 여기다가 줄기가 마치 갈대처럼 굵어 태풍으로 쓰러지는 도복피해를 전혀 걱정할 필요가 없었고, 볏짚도 3배 가량 생산량이 많아 축산농가까지 소먹이로 선호하고 있었다.

농정당국의 조사 결과 이 중국 벼는 지난 1997년 중국 랴오닝성 선양의 처가를 방문한 중국교포가 300그램을 가지고 돌아오면서 퍼져 나가기 시작해 27개 농가 18.1헥타르에 확산된

DMZ 코앞까지 퍼진 밀반입 중국 벼. 철원평야의 한 농민이 한탄강 주변 민통선까지 번진 밀반입 중국 벼(왼쪽)와 국대 오대벼를 비교해 보고 있다. 논둑길이 끝나는 곳이 휴전선이며 야산이 DMZ. 2001. 9.

것으로 밝혀졌다. 하지만 조사가 실시된 시점이 추수철이라 이미 수확을 마치고 잡벼로 팔았거나 재배 사실을 감추기 위해 볏짚까지 썰어서 논에 뿌려 버렸기 때문에 실제로 중국 벼를 재배했던 곳은 더 많았을 수도 있다.

이처럼 중국 벼가 5년째 확산되자 철원군은 9천 700만원의 예산으로 특별수매한 뒤 겨울철 철새먹이나 제과용 등으로 처분하는 선에서 매듭을 지었다. 그렇지만 중국 벼 밀재배 사건을 통해 농민들이 알 수 있었던 것은 농정당국의 주장대로 중국 벼 품질이 절대 오대벼에 떨어지지 않는다는 것이며, 앞으로 이와같은 중국 농산물이 밀려오면 휴전선 아래 지역까지 무방비로 당할 수밖에 없다는 위기감이었다.

철원평야 중국 벼 재배사건은 단지 검역과정을 거치지 않아 병충해 전달의 원인이 될 수 있다는 것밖에 없었다. 무엇보다 최북단 농민들이 놀란 것은 비무장지대와 북한 너머 중국 동북 3성 지역의 벼 품종이 이처럼 파장을 일으킬 수 있다는 사실이었다. 중국 동북 3성의 벼 재배면적은 모두 264만 헥타르로 107만 헥타르인 남한 재배면적의 2.5배라는 규모도 대단했지만 철원평야 농민들은 최고라고 믿던 오대벼의 신화가 깨진 사실도 당혹스러웠다.

이와 관련 한국농촌경제연구원 문순철 박사는 "중국의 벼 재배기술이 우리보다 조금 뒤떨어져 있지만 최근 비옥한 토지를 바탕으로 녹색식품을 표방하면서 한국과 중국시장을 맹렬히 추격하고 있다"면서 "가격과 미질 면에서 중국 쌀이 경쟁력을 갖춰 가고 있기 때문에 '신토불이' 개념 자체가 무너지고 쌀생산 기반이 무너질 수 있다"고 경고했다.

현재 중국 랴오닝성 랴오허 평원을 비롯해 지린성과 헤이룽장성 쑹넌 평원 등 중국 동북 3성 일대에서는 10헥타르당 수확량이 450-500킬로그램인 오대벼에 비해 700-1,000킬로그램까지 생산할 수 있는 기술을 축적하고 있다. 우리의 입맛을 맞는 자포니카 계통의 벼품종을 5-6분의 1로 공급할 수 있는 가격경쟁력도 충분히 보유하고 있다. 국정감사에서도 중국 쌀이 국내 최고급으로 꼽히던 이천 쌀보다 밥맛이 더 좋다는 평가를 받았던 만큼 중국 벼에 대한 맹목적인 불신감이 해결책이 될 수 없다는 사실을 뒷받침했다.

6. 화천 비목공원 그리고 '평화' 없는 파로호

화천은 가곡 「비목(碑木)」의 탄생지이자 전국 낚시꾼들이 몰리는 파로호가 자리잡고 있는데 공통적으로 전쟁과 관련 깊다. 화천읍에서 평화의 댐으로 가는 험준한 산길은 비구름이 도로 아래로 형성될 정도로 높다. 호랑이 출몰설까지 제기된 화천읍 동촌리 지역은 원래 깊은 산속이었으나 북한의 금강산댐 수공설로 공병대가 군사작전을 방불케 공사를 벌여 길이 만들어지게 됐다.

이 평화의 댐 가는 도로공사에 참여했던 사람들은 군인들이 앞장서 지뢰매설 여부 등을 확인하고 나가면 곧바로 장비가 투입돼 길을 닦았는데 그와 같은 공사방법은 5공화국 시대에나 가능했다고 증언한다. 요즘에는 운전자들을 위해 경사도나 회전반경을 고려하고 환경파괴 여부까지 살펴야 하기 때문에 이와 같은 엉터리 도로개설 공사는 상상도 할 수 없다는 것이다.

이렇게 난코스를 지나 평화의 댐을 방문하는 관광객들은 십중팔구 실망스러운 표정과 함께 허탈해 한다. 시퍼런 물이 고여 있던 댐만 보아왔던 이들에게 물이 차 있지 않은 댐 자체가 생소한 것이며, 초등학생들의 성금까지 걷어 만든 댐이 이렇게 황당한 작품인 줄은 직접 보고 나서야 알게 되기 때문이다.

평화의 댐은 금강산댐이 터질 경우 잠시 물을 저류하는 기능에 불과하기 때문에 트럭들이 지나다닐 수 있을 정도의 규모인 직경 10미터짜리 4개의 도수로를 통해 평소에는 북한에서 내려오는 강물을 모두 화천댐으로 토해낸다.

한동안 잊혀진 평화의 댐은 2002년 금강산댐의 붕괴 가능성이 제기되면서 댐의 남쪽 사면을 보강하는 긴급공사가 벌어져 이목을 끌고 있다. 현재 2004년까지 댐 높이를 45미터 더 높이는 2단계 증축공사가 한창 실시되고 있다.

평화의 댐에 서면 남북이 경쟁적으로 북한강에 이런 댐들을 쌓아야만 했던 시절을 통일된 미래에 어떻게 설명할 것인지 고민이 된다. 북한강과 금강천이 합류하는 지점에 북한이 만든 26억톤 규모의 금강산댐이 물길을 차단해 버린 실정에서 그 댐의 문제만 생기지 않는다면 평화의 댐은 사실상 별다른 역할이 없기 때문이다. 그렇지만 만일의 사태에 대비해 평화

군 헬기 옆에서 삽질하는 평화의 댐 주민. 평화의 댐 정상 인근에 내려앉은 군부대 헬기 주변에서 주민들이 헬기 이륙 전에 흙을 모두 내리기 위해 부지런히 삽질을 하고 있다. 2000. 8.

의 댐을 보강할 수밖에 없다는 것이 이를 추진하는 정부기관의 입장이다.

평화의 댐 옆에 자리잡은 비목공원에서는 매년 현충일을 맞아 비목문화제가 열린다. 전쟁이 끝난 뒤 백암산에 근무하던 한 장교가 이끼 낀 비목들을 보며 스쳐가던 감회를 노을 속에적은 것이 가곡 「비목」이 탄생하게 된 사연이다. 이를 작사한 한명희 씨는 매년 비목문화제에 참여해 전쟁으로 산화한 넋들을 위로하는 일을 해 오고 있다.

비목공원에는 해를 거듭할수록 한반도 지도 모양의 화단과 비목탑이 조성되는 등 점차 관광자원이 확충되고 있다. 비목 문화제도 점차 규모는 키워 나가지만 이 문화제가 발산하는정취도 점차 퇴색해 가는 것 같다. 관광객들을 맞기 위해 마련된 난장에서는 막걸리나 골뱅이 냄새가 초연이 스치고 지나간 계곡을 진동시킬 때가 있는가 하면 비목탑에 서 있는 조각품은 산화한 장병이라기보다 '임꺽정'을 연상케 한다. 주변에는 독일산 가문비나무가 심어져 있고, 비목에 얹어져 있는 철모는 국방색 페인트로 산뜻하게 도색돼 반들거린다.

행사에 참여한 각급 기관단체장들도 일정이 바쁘다는 핑계를 대며 금세 자리를 뜨기 일쑤여서 일반인들이나 6월의 뙤약볕 아래서 자리를 지키는 현상이 반복되고 있다. 문화제 부대 행사가 열리는 화천읍 붕어섬에서는 소주회사 홍보 도우미들이 신나는 음악에 늘씬한 몸을 흔들어대는 진풍경까지 펼쳐질 때가 있다. 비목문화제도 규모나 행사 숫자에서 벗어나 분단의 한 단면을 느끼고 갈 수 있는 본연의 취지를 살려야 할 것이다.

인근에는 화천댐에 갇힌 수면이 펼쳐져 있는데 화천호 대신 파로호로 불린다. 6·25전쟁 때 중공군 수만 명을 수장시킨 것을 기념하기 위해 이승만 대통령이 지어 준 명칭인데 그 사연이 점차 잊혀지다 보니 '파라호'로 잘못 표기하는 경우도 종종 발견된다. 파로호 상류 양구에는 이승만 대통령이 찾아와 쉬던 별장터가 남아 있다.

일제 때 만들어진 화천댐은 전쟁을 거치면서 젊은 생명뿐만 아니라 최근에도 이곳 산골짜기 호수에서 물고기를 잡으며 살아가는 주민들의 터전도 빼앗는 주범이 되고 있다.

파로호는 1986년 금강산댐 수공설이 제기되면서 평화의 댐을 건설하기 위해 1987년 물을 빼버려 처음으로 황량한 바닥을 드러냈다. 그 결과 댐 건설 이전 상당한 규모의 촌락을 이뤘던 양구읍 상무룡리 일대에서는 구석기시대의 유물까지 발견됐다. 고대부터 한강유역권의 하나로 사람들의 터전을 이뤄왔다는 증거인데 댐에 의해 모조리 수장됐던 것이다.

2002년에도 금강산댐 붕괴 우려 때문에 정부가 보강공사를 하면서 댐을 비우기로 결정해 풀 한 포기 없는 계곡이 드러났다. 분단으로 두 번씩이나 물을 빼야 하는 곳은 전세계에서도 파로호밖에 없다. 그 계곡 사이로는 상류에서 흘러내려온 수입천의 물이 희미하게 이어진다. 하지만 최근의 수해로 전방지역 유실 지뢰를 조심하라는 팻말이 서 있어 철책선이 보이지 않는 곳이지만 분단의 최전방 지

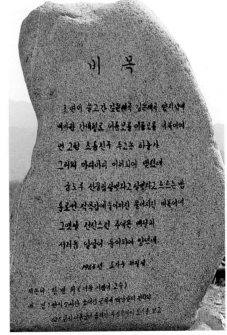

매년 현충일날 평화의 댐 주변에서 비목문화제가 열리지만 가곡 「비목」을 작사한 것과 관련된 지역은 이곳에서 멀리 떨어진 휴전선 인근 백암산이다.

역이라는 것을 금세 알아차릴 수 있다.

실제로 파로호 상무룡리에서는 1996년 8월 4일 오전 5시 45분께 서울에서 내려온 한 낚시꾼이 M-14 발목지뢰를 밟아 오른쪽 발목을 크게 다치자 국가를 상대로 6,100만원의 손해배상을 서울지법에 제기하기도 했다. 또 그해 9월 28일 오후 상무룡1리 속칭 '참샘골'에서는 1년생 송아지가 발목지뢰를 밟아 왼쪽 발목이 다치는 사고가 발생했다. 평화의 댐이 들어선 이후로 파로호 주변에서는 오히려 평화가 사라져 버린 것이다.

분단으로 육지의 바다 같던 호수가 갯벌 수준으로 떨어지면서 환경과 주민의 삶이 어떤 피해를 보고 있는지 살펴볼 수 있는 곳으로 변했지만 이곳에 눈길을 돌리는 단체는 없었다. 그런 점에서 비무장지대로 비약되거나 개발과 보존 논란이 일어나는 다른 휴전선 지역은 이곳보다 축복받은 지역이라고 볼 수 있다. 역시 분단의 모순은 이름없는 사람과 지역이 더 큰 피해를 본다는 평범한 속성을 재확인하는 것밖에 없다.

요즘 파로호 주민들은 남들이 꿈꾸는 평화통일보다 이 파로호에 먼저 물이 채워지길 학수

정부가 금강산댐 붕괴에 대비하기 위해 파로호 물을 빼 버리면서 2년째 고기를 잡지 못하고 있는 화천읍 구만리의 한 어민이 허공을 쳐다보며 앉아 있다. 파로호는 댐 하류인 이 지역에만 물이 조금 고여 있다. 2003. 4.

고대하고 있다. 그래야 입에 풀칠을 하고 자녀들을 학교에 보낼 수 있는 최소한의 국민의 권리를 찾을 수 있기 때문이다. 그러나 2003년 봄에도 파로호의 물을 채운다는 소식은 전해지지 않았다.

7. 6·25격전지 그리고 박수근의 고향 양구

평화의 댐에서 동해안 방면으로 산골 외길을 타고 나가면 양구다. 6·25때 격렬한 전투가 전개된 산간지역에 자리잡고 있는데다 소양댐까지 들어서면서 '육지 속의 섬'으로 고립된 산골 동네다. 전체 인구는 통틀어 봐야 2만 3천여 명에 불과하고 양구라는 지명을 아는 외지인들은 얼마 되지 않는다. 이름을 들어본 사람도 경기도 양주와 혼돈을 할 때가 많을 정도다.

중동부전선 최전방이어서 이곳에서 군대생활을 마친 사람들은 양구를 향해 다시는 오줌도 싸지 않는다며 치를 떤다. 6·25전쟁에 참가했던 미군들도 '갓댐(god damm) 양구'라며 고개를 흔들어댔고, 한국전쟁을 '잊혀진 전쟁'이나 '끝나지 않은 전쟁'으로 기억하고 있는 그네들도 "너무 추웠다"고만 기억하고 있다.

북쪽으로는 휴전선이, 남쪽으로는 2개의 댐이 가로막고 있으니 혈기왕성한 군인들뿐만 아니라 주민들도 사실 크게 의존할 수 있는 수입원이 없다. 그래서 지방자치제가 도입된 이후 유난히 전국 단위의 스포츠 행사가 많이 열리고 있다. 그 많은 행사를 필사적으로 유치해 식당이나 여관을 운영하는 주민들이 먹고 살 기회를 제공하기 위한 것이다.

또 2002년에는 국토의 4극점과 중앙경선, 중앙위도를 기준으로 GPS시스템 확인 결과 동경 128도 2분 2.5초, 북위 38도 3분 37.5초에 자리잡고 있는 양구읍 남면 도촌리 해발 874미터 봉화산 기슭 7부 능선이 우리나라의 중앙지점이라는 사실을 밝혀내고 관광자원화하기 위한 활동까지 벌이고 있다. 그러나 지역의 절반 이상이 군사시설 보호구역으로 묶여 있으며, 주민 수와 맞먹는 군인들의 외출과 외박이 통제되는 시기에는 어찌할 도리가 없으니 '군민 한 가족화운동'이나 '주민-장병 자매결연' 같은 이벤트를 줄기차게 만들어 나가고 있다.

양구에서는 6·25전쟁 당시 피의 능선 전투, 단장의 능선 전투, 펀치볼 전투, 도솔산 전투와 같은 굵직한 전투가 많이 벌어졌다. 대다수 명칭은 참전했던 미군이나 외국 종군기자 붙여 놓았는데 피의 능선 전투는 성조지 기자들이 피로 얼룩진 능선(Bloody Ridge Line)으로 불

가칠봉 대북 심리전 십자탑. 북한 스탈린 고지, 모택동 고지, 김일성 고지와 마주 보고 있는 양구 북방 가칠봉에 대형 트리와 휴전선 탐조등이 DMZ를 밝히고 있다. 크리스마스 트리 뒤편으로는 대북 심리전 차원에서 대형 풀장까지 만들어 놓았으나 물을 끌어들이기 어려워 거의 사용하지 못하고 있다. 2000. 12.

러 이와 같은 이름을 얻게 됐다. 단장의 능선은 AP통신 특파원이었던 스탠 카터(Stan Carter)가 다친 부상병이 가슴이 찢어지는 듯하다며 울부짖자 이곳을 단장의 능선(Heart Break Ridge Line) 전투로 보도해 붙여졌다.

오늘날 해안면 지역과 동일하게 불리고 있는 펀치볼(Punch Bowl)이란 명칭도 1951년 8월 31일부터 9월 20일까지 해안지역에서 전투를 벌였던 미군들이 분지 생김새가 마치 주먹으로 때려 놓은 지형과 같다고 해 만들어졌다.

태백산맥 가운데 가장 험준한 도솔산에는 해병대가 투입돼 북한군 12사단과 32사단 3, 263명을 사살하는 승리를 거두면서 이승만 대통령으로부터 '무적 해병'이라는 휘호를 하사받았다. 도솔산에서는 이를 기리는 전적문화제가 매년 해병대사령부와 함께 열리고 있다. 지금도 70세가 넘은 주민들은 당시 지게로 포탄을 나르다 국군의 시체를 산더미처럼 실은 트럭들이 먼지를 일으키며 후방으로 빠져나갔던 모습을 생생하게 기억하고 있다.

해안면으로 넘어가는 돌산령에서 한참 올라가야 나오는 대암산 용늪은 DMZ 특집이나 생태계 문제에 있어 약방의 감초처럼로 등장하는 곳이다. 수천 년 동안 비와 안개에 의해 해발 1,260미터 고지에 1.1제곱킬로미터의 늪이 형성됐는데 국내에서 가장 높은 곳에 자리잡은 습지로 유명하다.

생태학자나 언론에서는 이 늪에 갖가지 생물이 그대로 퇴적돼 있어 '자연사 마이크로 필름'이라며 추켜세운다. 그러나 군사시설물이 주변으로 들어서 오염원이 배출되고 군인들이 한때 스케이트장을 만들면서 망가진 상처를 간직하고 있다. 유감스럽게도 학자들의 생태조사 과정에서도 짓밟히고 6·25 특집기사나 환경문제를 다루기 위해 빈번하게 드나드는 언론매체들도 용늪 훼손에 크게 기여했다. 이런 사정으로 용늪은 2005년 7월 31일까지 출입이 전면 금지돼 있다.

이렇게 유명세를 타면서 용늪은 습지 보전을 위한 람사협약 국내 1호로 등록됐으나 인접하고 있는 자치단체와 소재지를 두고 잡음도 발생했다. 용늪이 위치한 대암산 정상은 행정

중동부전선 휴전선에 근무하는 백두산부대 장병들이 철책선 주변 무명용사 무덤 앞에 명복을 빌고 있다. 2001.6.

전쟁과 분단, 상처투성이 휴전선.
6.25전쟁 격전이 펼쳐지고 분단
이후에는 철책선까지 들어서면서
산허리 곳곳이 상처투성이로 남
아 있는 중동부전선. 1999. 6.

구역상 인제군 서화면이지만 진입로는 양구 방면 군작전 도로밖에 없어 '양구 용늪'으로 소개되자 인제군이 '인제 용늪'으로 정정을 요구하는 신경전이 벌어졌던 것이다. 비무장지대나 6·25전쟁과 관련 없는 이 민통선 지역 용늪을 더 이상 건드리지 말고 그대로 두는 것이 최선의 보호방안이 아닐지 모르겠다.

　양구가 전투와 생태계 문제로만 관심을 끄는 곳은 아니다. 양구읍 정림리는 <나목>이나 <아기 업은 소녀> 같은 가난한 서민들의 삶을 진실하게 그렸던 박수근 화백(1914-1965)이

박수근 화백 생가터에 <아기 업은 소녀> 등 가난한 서민들의 모습을 그려내 국민화가로 불리고 있는 양구군 양구읍 정림리 박수근 화백의 생가 앞에 까치 한 마리가 추위로 얼어 죽어 있다. 2002년, 이곳에는 그를 기리는 박수근미술관이 들어섰다. 2001. 2.

태어나고 어린 시절을 보낸 곳이다. 그가 어린 시절 그림을 그리기 위해 오르내린 양구읍 중리 뒷동산에는 수령 300년짜리 느릅나무가 아직도 서 있다.

그의 생가터에 미술관이 들어선다는 이야기를 듣고 찾았던 추운 겨울 어느날 얼어 죽어 있던 까치 한 마리와 마주친 적이 있다. 그루터기만 앙상하게 남아 있던 논바닥에 쓰러져 있는 그 까치는 어렵게 살다간 그의 처지를 생각나게 했다.

논으로 바뀐 그의 생가터에는 2002년 돌담길을 떠올리게 하는 박수근미술관이 세워졌으나 안타깝게도 그를 배출한 양구군도 가난한 지방자치단체다 보니 진품 유화 한 점 없이 개관할 수밖에 없었다. 다행히 작품 기증자가 뒤에 나타나고, 양구군도 2003년 4억5천만원을 들여 유화 <두 남자>를 매입해 진품 없는 미술관이라는 그런 비난은 면하게 됐다.

그의 그림은 철원 비무장지대와도 관련 있다. 그가 1935년부터 1950년까지 제작한 수백 점의 그림이 철원 북방 비무장지대에 묻혀 있기 때문이다. 그의 아내는 금성에서 남대천을 건너 피난올 때 휴대품이 많아 지니고 다닐 수 없게 되자 종이로 그림을 싸 단지에 넣고 뚜껑을 덮은 뒤 밀봉해 금성과 남대천 사이 비무장지대 야산에 묻어 놓고 내려왔다.

분단의 잔재가 휴전선 어느 곳보다 짙게 남아 있는 양구는 산골 허허벌판의 나목처럼 지금도 살아가는 주민들의 생활을 접할 수 있는 곳이다. 그래서 학벌과 지연, 외국 이론이 난무하는 우리 사회에서 보통학교만 나온 그가 어렵게 독학으로 이룬 예술의 고향을 방문하면 그가 어렵게 일궈 놓은 예술이 더욱 경외스러울 수밖에 없다. 박화백의 10호 크기의 그림 <한일(閑日)>은 2003년 3월 25일 뉴욕 크리스티 경매에서 112만 7천500달러(13억원 상당)에 팔리는 등 시간이 흐를수록 더욱 진가를 발휘하고 있다.

양구 주민들은 최근 매년 휴전선 최전방의 '금강산 가던 길'을 도보로 답사하는 행사를 갖고 있다. 분단 이전까지 내금강으로 가던 육로 가운데 동면 월운리에서 장안사까지 가는 31번 국도가 지름길이었는데 그 길을 다시 걸을 수 있는 날을 기원하기 위해서다. 1년에 하루만 허용되는 이곳 민통선 도로 끝머리는 남방한계선에 막혀 있지만 국내 최대 열목어 서식지인 두타연 일대까지 전봇대 하나 없는 옛길을 걸어 볼 수 있는 기회다. 길 주변으로는 사람들의 손을 타지 않은 머루와 다래가 매달려 있고, 험준한 산악지대에 서식하고 있는 산양들도 주민들과 눈길을 마주치는 경우가 있다.

두타연 산양. 양구 빙산면 민통선 내 투타연 인근 산기슭에 서식하는 산양이 금강산 가던 길을 따라 걷고 있는 주민들에게 모습을 드러냈다. 2000. 10.

1년에 하루만 개방되는 민통선 금강산 가던 길 답사에 나선 양구 주민들이 고인돌처럼 버티고 있는 전차 방어시설을 지나고 있다. 2001. 10

양구 해안면 을지전망대는 금강산 뱃길 관광시대가 열리기 직전까지 금강산 자락을 육안으로 볼 수 있는 유일한 곳이었다. 인근의 가칠봉은 금강산에서 일곱 번째 봉우리라는 뜻으로 이름이 붙여진 곳이다. 이곳 북한관 앞에는 1997년 해안초등학교 6학년 학생이던 김은숙 양이 '휴전선 아래 우리 마을'이라는 제목으로 지은 시가 비둘기 모양의 화강석에 새겨져 있다.

내가 사는 마을은 / 대암산 아래 작은 마을… 통일이여 어서 오라 / 휴전선 아래 우리 마을 / 제일 신나게.

8. 휴전선 백두대간의 최후 거점, 인제

남북을 흐르는 휴전선 지역 하천들이 점차 오염되고 있는 현실에서 인제군 서화면 가전리 일대는 청정지역으로 손꼽히는 곳이다. 인근 양구 해안면 주민들도 가전리에는 사람을 만나도 도망가지 않는 '멍청이 고기'가 살고 있다고 부를 정도다. 사람들의 발길이 철저하게 통제된 상태로 남아 있다 보니 고기들이 사람들을 경계하지 않는 사연에서 비롯된 것이다. 그래서 가전리 계곡은 도시락만 싸 가지고 가면 흐르는 물을 그대로 퍼 마실 수 있는 곳이다. 강바닥의 돌은 이끼조차 끼지 않을 정도로 맑아 여울에 구르는 소리가 들리는 것 같다.

인제읍에서 양구 해안 방면의 서화를 지나 들어가는 가전리는 화전농사를 하던 주민들이 전쟁을 피해 떠난 뒤 인간의 손길이 미치지 못하고 있다. 해안면과 비슷한 시기에 민통선 지역의 시야 확보를 위해 나무들이 베어졌지만 이후 20-30년 동안 더 이상 지장을 받지 않았기 때문이다. 북한의 무장간첩들이 은닉하지 못하도록 시계확보 작업이 진행된 휴전선 155마일 공간에서 이처럼 보존상태가 양호한 곳은 매우 드물다. 가전리는 분단전까지 내금강으로 가던 453번 지방도로가 수풀에 묻히면서 멧돼지나 고라니 등 야생동물의 천국으로 자리잡고 있다.

강원도와 인제군은 2000년 가전리와 송노평 일대 155만7천 제곱미터에 사업비 50억원을 투입해 평화와 생명을 체험할 수 있는 'DMZ 평화생명마을'을 조성한다고 발표했으나 전혀 진척되지 않고 있다. 그러나 청정농산물을 생산하기 위한 농장 조성과 같은 이야기는 꾸준히 흘러나오고 있으며, 금강산 육로관광이 진전될 경우 내금강으로 가는 관광코스와 연계

북한 내금강에서 내려오는 물이 인제군 서화면의 전차장애물을 관통하고 있다.2003. 4.

시키자는 의견도 제기되고 있다.

이처럼 생태주의자들에게 가전리는 평화와 생명을 노래할 수 있는 적절한 곳이지만 이곳으로 들어오는 서화면 일대는 1970년대나 지금이나 변화가 없을 정도로 지역발전이 정체되고 있다. 군인을 상대로 하던 다방조차 점차 문을 닫고 있는 실정이어서 주민들이 느끼는 소외감은 이루 말할 수가 없다. 여기에다 'DMZ 평화생명마을'이 들어설 경우 환경규제까지 강화돼 지역 발전을 저해할 수 있다는 우려도 높다.

주민들은 먹고 살 수 있는 일자리가 창출되어야 하는데 평화마을 조성사업이 그런 기대를 충족시키기에는 어려울 것으로 보기 때문이다. 후방이나 해외에 있는 사람들이 비무장지대나 인접 지역을 '생명의 땅'으로 묘사하고 있으나 주민들의 표정이 그렇게 밝지 않은 것은 멀리서 머릿속으로 그려 보는 환상과 실제로 살면서 부딪치는 현실과의 차이일 것이다.

중동부 산간지역에 틀어 박혀 있는 인제군 서화면은 1996년 분단역사에서 마지막이 되어야 할 사건까지 번졌다. 그해 9월 18일, 잠수함을 타고 강릉시 강동면 안인진리 앞바다로 침투했던 26명의 무장공비 가운데 잔당들이 북한으로 돌아가기 위해 이곳 민통선까지 올라왔던 것이다.

11월 4일 오후 3시 30분, 서화면 서화2리 민통선 북방 산머리곡산(해발 1,019m)에서 벙커작업을 하던 군인들은 권총과 M16소총을 함께 휴대한 거동수상자 2명을 발견했다. 군인들이 아군 복장과 민간인 복장을 섞어 입고 권총과 M16소총을 지닌 점을 수상히 여겨 수하를 했으나 응답없이 도주하기 시작했다. 전방지역은 이 당시 M16소총이 K2소총으로 대체된 상태여서 무장공비라는 사실을 금방 알아차릴 수 있었다.

공비들은 매봉산(1,271m) 방면으로 달아나다 5일 오전 4시 28분께 인제군 북면 용대3리 용대 자연휴양림 매표소 주변 통나무집 앞에서 매복하고 있던 불사조부대 특공대대와 마주치자 수류탄을 던져 중상을 입히고 달아났다. 이어 50여 미터 인근 숲에 숨어 있다 오전 5시 30분께 교전현장을 조사하기 위해 올라온 기무부대장을 조준사격해 숨지게 하는 등 칠흑 같은 어둠 속에서 아군 4명을 사살(부상 13명)하는 엄청난 피해를 입히다 오전 10시 30분 연화골 창바우고개 부근에서 일망타진되었다.

사살된 공비 가운데 1명의 유품에서는 보름 전인 10월 22일 오후 3시 30분 인근 양구군 남면 두무리 야산에서 월동준비를 하기 위해 싸리나무를 베러 나왔다 실종됐던 표정욱 일병의 신원을 확인할 수 있는 야전점퍼와 육군수첩, 군번줄이 발견됐다. 아울러 10월 16일 오후 5시 20분 소나타 승용차를 운전하고 가던 중 인제군 남면 남전리 가로고개에서 거동수상자 2명이 길을 건너 절벽 밑으로 은신하던 것을 신고했지만 확인이 안 되자 "군작전에 지장을 초래했다"는 눈총을 받아 온 신남중학교 조모 교사도 누명을 벗을 수 있었다. 그는 군경 합동신문조가 현장을 확인한 결과 대공용의점이 없다고 결론을 내리는 바람에 학부모 등으로부터 이상한 교사로 시달려 왔으나 무장공비의 수첩에서 도주과정이 적힌 메모가 발견돼 심적 고통에서 벗어나게 됐다.

군수색대는 싸리나무를 하러 나갔던 병사가 실종되고 중학교 교사가 알려 준 제보 내용, 이미 생포된 이광수의 증언을 종합해 볼 때 휴전선을 통해 북한으로 도주할 가능성이 높았는데도 허술하게 대응했던 것이다. 이는 1968년 김신조가 주민들에 의해 당국에 신고됐으나 제대로 대처하지 못해 세검정 인근까지 내려오도록 방치했던 것과 별 차이가 없었다.

무장공비 잔당이 동해안 침투 49일 만에 아군들이 포위망을 좁혀 가던 작전지역에서 벗어나 발견된 지점은 155마일 휴전선에서 가장 높은 향로봉(해발 1,296m)에서 3킬로미터밖에 떨어져 있지 않아 충격적이었다. 이곳에서 휴전선까지는 8킬로미터에 불과했다. 일반 사람들이 한 시간에 4킬로미터를 걸을 수 있는 점으로 미뤄 고도의 훈련을 받은 무장공비들은 월북할 수 있는 휴전선 코앞에 까지 올라왔던 것이다.

서화2리는 강릉 안인진리 해안에서 직선거리로 75킬로미터나 떨어진 곳이었지만 남측 백두대간의 마지막인 향로봉과 이어져 도주로로 선택할 수 있는 곳이었다. 그 도주로는 1968년 울진·삼척지구에 침투했던 무장공비들이 달아나던 길과 대부분 일치한다. 6·25전쟁

여자 예비군. 1999년 5월, 전국에서 처음으로 인제군청 여직원들로 편성된 여자 예비군. 1996년 백령도에서도 여자 예비군이 창설됐으나 주로 군인 부인들로 구성된 것이다. 1999. 5.

낯선 전방 신병교육대. 노무현 대통령이 근무했던 인제 12사단 소속 훈련소에 입소한 신병들이 매우 긴장된 표정으로 주변 눈치를 살피고 있다. 1999. 5.

한겨울 6.25 참전용사들을 대상으로 시범을 보이고 있는 군장병들. 미처 발로 차지 않았는데 송판이 이미 갈라져 있는 점이 특이하다. 2000. 2.

때 격전지였고, 정전협정 이후 휴전선 경계가 허술했을 당시 무장공비들이 야음을 틈타 오고갔던 이 지역의 전례를 돌아보면 이상할 것도 없다.

동해안 침투 이후 시간당 30-40킬로미터를 주파하는 등 인간한계를 초월한 능력을 발휘하던 무장공비들이 49일간의 도피행각을 마감하면서 작전은 종료됐다. 그러나 주민들이 산에서 송이를 따지 못하고 파로호와 소양호의 접근까지 통제되는 등 무장공비 소탕작전 여파로 강원지역에서는 2천억원 이상의 경제적 손실이 발생했다.

동해안으로 가는 길에 연화골 인근 진부령을 넘을 때마다 떠올리게 되는 이 무장공비 침투사건이 분단역사에서 마지막 무장공비사건으로 기록되길 바랄 뿐이다. 그리고 무장공비들이 도주로 방향을 잡았던 그 향로봉 너머 비무장지대의 철조망이 걷히고 두런두런 이야기를 나누며 걸어가는 등산로가 활짝 열리길 꿈꿔 본다.

그 비무장지대 안에는 우리가 50년 동안 발길을 들여놓지 못한 삼재령이 있고, 오른쪽으로는 남강이, 왼쪽으로는 소양댐 지류가 보일 것이다. 또 양구 대암산과 가칠봉을 거쳐 올라오

2. 휴전선 여정

는 사람들과 국사봉(1,385m)에서 만나 외무재령을 넘어가면 마침내 금강산이 나온다.

백두산 방면으로 더 가고 싶은 사람은 계속 선창산(1,224m)과 금수봉, 추서령을 넘으면 되고 그렇지 않으면 장전항으로 내려가 쉴 수도 있을 것이다.

9. 동해북부선 따라 멈춰선 고성

이런 상상을 달래며 고성군 대대리에 이르면 동해북부선이 달리던 교각이 바다를 배경으로 모습을 드러낸다. 철길은 모두 사라지고 총탄 세례를 받은 콘크리트는 교각만 바다로 흘러드는 강을 가로질러 있다. 주변으로는 민물과 바닷물이 만나는 지역에서 자라는 들꽃들이 계절별로 피어나고 백로 같은 새들이 한적하게 먹이를 찾아 다닌다.

바다를 끼고 7번 국도를 따라 올라가면 현내면 마차진리에서 동해북부선이 다니던 터널을 마주치는데 전략적 목적으로 북쪽 입구를 콘크리트 덩어리로 절반 가량 막아 놓아 차폭이 넓은 차량은 통과할 수 없다.

통일전망대 안보교육장을 지나가면 동해북부선 공사를 하기 위한 공병대의 장비들이 도로 주변에 집합해 있고 배봉리에는 배봉터널이 수풀에 숨어 있다. 기차의 운행이 끊어진 지 오래돼 입구는 찔레 넝쿨이 앞을 가리고 있는데 거미줄을 제거하고 들어가면 방공호 같다는 느낌이 든다. 천장에서 줄줄 떨어지고 있는 물이 도랑을 이뤄 흐르는 바닥으로는 등이 무른 술가재가 흐느적거린다.

배봉터널도 중간 부분이 주저앉아 있는 모습이 철원 인근 연천군 신탄리 경원선 터널과 비슷하다. 오랜 시간이 지나면서 저절로 무너졌다고 하지만 유사시 이 공간을 통해 남쪽으로 차량들이 내려가는 것을 막기 위해 인위적으로 붕괴하지 않았나 하는 느낌을 지울 수 없다. 왜냐하면 남쪽 입구로 돌아가 보면 일반적으로 전차방어선에 설치돼 있는 사각형 콘크리트 장애물이 막혀 있고, 이곳으로 들어오는 도로 양편으로도 유사시를 염두에 둔 시설물이 있기 때문에 터널을 방치할 수는 없었을 것이다.

배봉터널에서 나와 마주치는 하천으로 동해북부선 가운데 가장 높던 철교 교각이 우뚝 서 있고 인근 명파리로 들어가는 농로 주변에는 지뢰밭이 펼쳐진다. 전략적 요충지를 적이 통과하지 못하도록 설치해 놓은 장애물인데 이 지뢰들은 아직도 누군가가 밟아 줄 때만을 기

짐수레가 차지한 배봉터널. 북한
원산으로 가던 기차가 끊어진 배
봉터널에 짐수레 한 대가 자리를
지키고 있다. 2001. 10.

다리며 잠복하고 있다. 2002년 여름, 동해안을 초토화시켰던 태풍 루사가 올라왔을 때에도
명파천 하류에서 유실 지뢰를 수거해 운반하던 장교가 지뢰가 폭발해 중상을 입기도 했다.

　명파리는 동해안에서 민간인이 거주하는 최북단 마을이다. 몇 해 전까지 민통선 안에 갇
혀 야간에는 고성 시내 출입이 자유롭지 못했다. 농번기에 일손이 모자라도 출입문제 때문
에 인부들을 데리고 오는데도 애를 먹어야 했던 곳이지만 이제는 다른 농촌과 큰 차이가 없
다. 마을 뒤편으로 북상한 민통선 초소를 거쳐 고성 통일전망대에 오르는 지점에는 남측 마
지막 동해북부선 터널이 방치돼 있다 최근 공사차량이 지나다닐 정도로 보수가 이뤄졌다.

　동해북부선은 1937년 12월 1일 개통됐으나 38선 이북인 인공치하에서 전쟁물자를 운반하
던 기능을 하다 6·25때 파괴돼 버렸다. 통일전망대 앞 초구역을 넘어가면 고성, 삼일포, 외
금강, 장전, 통천역을 지나 원산역에 이를 수 있었다. 양양에서 함경남도 원산까지 180킬로
미터를 이어 주던 동해북부선은 당시 동해안지역 남북을 이어 주고 서울까지 연결시키는 유
일한 인프라였다. 안변역에서 경원선 기차를 바꿔 타면 철원을 거쳐 서울로 갈 수도 있었는
데 현재 철원읍 대마리에서 살고 있는 주민들도 싱싱한 해산물을 원산에서 기차로 실어 오
던 기억을 간직하고 있다.

　경원선과 금강산 전철이 지나던 철원지역이 일제시대 내륙 교통의 중심지였던 것처럼 동
해북부선 남쪽 종착지인 양양은 서울로 가려는 동해안 주민들과 금강산으로 소풍을 가던 초

동해북부선 폐허 교각 위로 함박눈이 내리고 있다. 2001. 2.

등학생, 원산지역 학교를 다니던 고등학생들이 몰려 한때 크게 번창했다.특히 동해북부선에
는 외금강의 절경을 감상하기 위한 관광객들이 몰렸었는데 오늘날 강릉 정동진역 정도의 인
기를 누렸을 것이다.

　일제는 강원도 동해안의 지하자원을 수탈하기 위해 1929년 9월 11일 안변－흡곡 사이를
먼저 개통시키고 1937년에 양양까지 연장시켜 목재와 철광석을 실어 날랐다. 하지만 해방과
함께 38선 이북지역이 인공치하에 들어가면서 동해북부선은 당초 강릉을 거쳐 포항까지 연
결하려던 계획도 물거품이 되고 전쟁으로 아예 파괴돼 사라졌다.

비무장지대를 찾아서

통일전망대에 오르면 해변 철책선을 따라 50년 동안 바닷물에 밀려온 모래가 원산까지 명사십리로 펼쳐진다. 전망대 앞 해변과 이어져 있는 명호리 지역이 임진강변에서 0001번으로 시작돼 군사분계선의 표시판이 1292번으로 끝나는 155마일 휴전선의 종착점이다.

2002년 가을부터 금강산 육로관광을 위한 도로개설 작업이 추진되면서 잡초만 있던 이곳에는 군용 텐트가 들어서고 굴착기와 덤프트럭이 활발하게 움직이기 시작했다. 중장비를 앞세우고 조심스럽게 지뢰밭을 개척해 나가는 군인들 옆으로는 적십자 표시를 한 군용 앰뷸런스가 만일의 사고에 대비해 서 있었다. 결코 미개척지가 아니었던 미개척지에 다시 혈맥을 잇기 위한 개척사가 시작된 것이다.

비무장지대 인근 공해상에는 속초항을 출발, 장전항으로 관광객을 실어 나르는 설봉호가 흰 점으로 느릿하게 지나가는 모습도 들어온다. 좀더 북쪽으로 시선을 돌리면 낙타 모양을 하고 있는 구선봉과 말무리반도 앞 바위들이 열병하듯 늘어서 있다. 구선봉 앞에 있는 호수가 선녀와 나뭇꾼의 전설이 깃들어 있는 감호인데 동해안 바닷물이 만들어낸 전형적인 석호의 하나다.

통일전망대 북서쪽 전방에 자리잡고 있는 금강산전망대에는 비무장지대에서 이뤄지는 육로 개설공사를 맡고 있는 상황실이 설치돼 있다. 그곳은 감호 왼편으로 휘어진 채 남아 있는 옛 길을 가장 가깝게 볼 수 있는 곳이다.

북방한계선에 자리잡은 커브 길에는 북한군의 초소가 자리잡고 있다. 바로 맞은편 공터에는 육로 개설공사를 지원하기 위해 현대에서 제공한 굴착기와 트럭이 주차돼 있다. 양쪽으로 바위산이 드러나 있는 이곳을 통과하면 북고성 지역의 첫 마을이 양지바른 산과 농경지 사이에 자리잡고 있다. 사람이 살고 있다는 느낌은 이 마을에서 밤에 새어나오는 불빛으로 직감할 수 있는데 말무리반도 인근에서도 그 불빛을 확인할 수 있다.

구선봉 위로는 어둠을 배경으로 별빛들이 산봉우리를 입맞춤하듯 궤적을 그리며 지나간다. 대낮에 설봉호가 지나갔던 밤 바다 위로는 화롯불처럼 토실토실한 별들이 촘촘히 박혀 있다. 통일 후에는 바다 위로 뜬 별을 관측하는 천문대가 들어섰으면 좋겠다는 생각이 떠오를 정도다. 그러나 이 공간에서 가장 밝은 빛을 내는 곳은 탐조등이 훤하게 켜져 있는 바로 앞 남방한계선 지역 철책선이니 말문이 막혀 버린다.

95

금강산 육로 관광객을 맞이하기
위해 북한군이 제설작업을 해 놓
은 고성 DMZ 북한지역. 2002.12.

DMZ 육로 개설 천막 공사촌. 155마일 휴전선이 끝나는 고성군 명호리 DMZ에 금강산 육로관광을 위한 천막 공사촌이 들어서 있다. 2002. 10.

금강산 육로관광 소식 전해지던 날 동해 최북단 풍경. 금강산 육로관광 소식이 전해지던 2002년, 화진포해수욕장에서 군인들이 사격연습용으로 세워 놓은 인민군 모습의 타켓이 해변에 세워져 있었다. 오른쪽으로 철지난 해수욕장을 찾은 사람들이 보이고 그 너머에는 김일성의 옛 별장이 있다.

남북한이 금강산 육로관광에 합의했다는 소식을 듣고 때마침 찾았던 화진포해수욕장 한 구석 해변으로는 인민군 모양의 사격표지판이 서 있었다. 한편으로는 교류와 협력을 추진하면서도 해변으로 침투하는 적에 대비해 야간사격 연습을 해야 하는 것이 우리의 현실인 것이다.

화진포는 남북간 전쟁을 치른 김일성과 이승만대 통령의 별장이 화진포콘도를 사이에 두고 마주 서 있다. 그 사이에는 부통령을 지냈던 이기붕 씨의 별장까지 들어서 있어 묘한 기분에 사로잡힌다. 좀더 올라간 지점에 있는 최북단 간이해수욕장인 명파해수욕장에는 해안초소가 철옹성처럼 우뚝 서 있고, 주변 해안은 모두 철조망으로 둘러쳐져 있었다.

3. 봄철마다 불타는 DMZ

1. 2001년 DMZ 산불

　전쟁의 포화는 그쳤지만 비무장지대는 반세기 이상 불길 속에서 자유롭지 못했다. 적이 접근하거나 은닉할 수 있는 공간을 없애야 하는 군사적 필요성 때문에 이른바 사계(射界) 확보를 위한 화공작전을 벌일 수밖에 없기 때문이다. 따라서 휴전에 들어간 지 50년이 지났으면 수십 줄의 나이테가 있는 고목들이 자리를 잡아가야 하는데 한반도 DMZ는 아프리카 사바나처럼 키 작은 수풀 위로 띄엄띄엄 아카시아 교목 등이 서 있는 정도다.

　이런 점에서 지난 2001년은 반세기 이상 암묵적으로 이뤄진 일단 화공작전을 중단시킨 전환점으로도 볼 수도 있던 해였다. 2001년 1월 8일, 남북한 군사당국자는 판문점 통일각에서 국방부 김경덕(준장) 군비통제차장과 인민무력부 류영철(대좌) 부국장이 수석으로 참가한 제5차 남북군사실무회담을 통해 비무장지대의 '천연생태계'를 보호하기 위해 더 이상 화공작전을 하지 않기로 합의했다.

　그 동안 비무장지대에서 불이 발생한 것은 자연발화나 북방한계선 인근의 영농활동도 원인이 될 수 있었겠지만 병력과 장비를 동원하지 않고도 시야를 가리는 방해물을 효과적으로 제거할 수 있는 화공작전 때문이라는 것은 알 만한 사람은 다 아는 사실이었다. 반세기 동안 비무장지대를 향해 불방망이를 투척할 수밖에 없었던 화공작전은 전방지역 주민들까지도 모두 알고 있는 공공연한 군사비밀이었다.

봄철마다 불타는 DMZ. 철원군 김화
읍 북방 비무장지대에서 발생한 산
불이 남진하며 밤하늘을 훤하게 밝
히고 있다. 2001. 3.

2001년 2월 25일 일요일 오후 5시께 휴대폰으로 한 통의 전화가 왔다. "비무장지대에서 연기가 나는데 또 산불 같아요." 강원도 철원군 김화읍 중부전선 아래에 사는 주민으로부터의 제보였다. 최전방에 사는 이 주민도 연례적으로 발생하는 비무장지대 산불과는 달리 이번 산불이 심상치 않다는 점을 알고 있는 듯했다. 다음날 아침, 연기는 잦아든 것 같았다. 그러나 해가 저물갈 무렵에 다급한 목소리가 들려왔다. "큰일 났어요. 산불이 마을에서도 보이는데 어쩌면 남쪽으로 내려올지도 모르겠어요." 당시 중국에서 몰려온 황사가 비무장지대 북쪽 상공을 덮고 있었고, 대낮이어서 연기가 제대로 보이지 않아 꺼져 버린 것으로 보였던 것이다. 지금까지 비무장지대에서 발생한 산불은 민통선 지역에서 멀리 떨어져 있고 출입까지 허용되지 않았던 점 때문에 그 실상을 제대로 지켜보기 어려웠다.

현장으로 달려가 보니 해가 떨어지면서 계웅산 남방한계선 주변에서 넘실거리는 불길이 명확하게 들어왔고 밤하늘은 마치 수풀이 타오르는 재가 날리는 것까지 보이는 듯했다. 바람까지 불자 불길이 남대천 부근 수풀을 지나 동쪽으로 방향을 틀어 버렸다. "펑, 퍼벙, 펑" 비탈진 계웅산 산마루 너머에서 지뢰들이 불길 속에 폭죽처럼 튀어오르며 폭발했다.

비무장지대의 산불이 동진하는 낌새가 들어 근남면 마현리 방면으로 찾아갔으나 육중한 천불산이 앞에 가로막혀 있고 야간이어서 되돌아와야 했다. 남방한계선이 자리잡은 암정리 부근까지 접근한 불길 속에서 초목들이 '툭, 탁'하는 소리를 내며 타고 있었다.

군부대측은 이날 오후 4시 13분과 11시 30분 2차례에 걸쳐 맞불을 놓는 방식으로 남하하는 산불을 차단했다. 김화읍 감봉리 비무장지대 군사분계선 지점 하갑령에서 발생한 산불은 오전 바람이 잠잠해지면서 그 속도가 크게 줄어들었다. 그러나 산불의 이동방향에 놓여 있던 최전방 소초들은 뜬눈으로 밤을 지새워야 했다. 비무장지대에서 발생한 산불이 GOP까지 접근하면 철책선을 넘을 수도 있기 때문이다. 군인들은 경운기 엔진에다 농약 살포기를 연결해 만든 진화장비를 들고 다가오는 산불로부터 눈을 떼지 못했다. 다행히 이번 비무장지대 산불은 3일째인 이날 오후 꺼졌다. 바람이 크게 불지 않아 키가 큰 나무가 거의 없는 초원지대만 태웠기 때문에 원시림에서 발생하는 산불과는 큰 차이가 있었다. 어쨌든 이번 산불로 비무장지대 남대천 주변의 광활한 초원지역은 시커먼 상처를 남겼다.

불이 꺼진 뒤 눈으로 어림잡아 살펴본 바로는 불에 탄 지역이 50헥타르 가량 추정됐다. 생각보다 산불이 최악의 사태로 번지지 않은 것은 그 동안 몇 번이나 불이 발생해 탈 수 있었던 것은 매년 모두 태워졌기 때문에 크게 번지지 못한 것이었다.

이 DMZ 산불도 정전협정 이후 이뤄진 비무장지대 산불과 마찬가지로 정확한 화인은 밝혀지지 않았다. 비무장지대인 관계로 현장조사가 전혀 이뤄질 수 없는 점도 있지만 남·북한 어느 누구도 그 원인을 먼저 밝히려 하지 않기 때문이다. 단지 상대방쪽에서 불길이 넘어오면 이를 방어하기 위해 아주 불가피하고 긴박한 경우에 한해 맞불을 놓은 것이 유일한 대책이다.

비무장지대에서 화공작전을 전개하지 않기로 합의한 직후 최초로 일어난 철원 산불도 역시 자연발화나 실화 가능성으로 추정됐을 뿐이다. 그렇지만 다른 지역에 비해 비무장지대 안에서 산불이 발생하는 횟수가 많다는 것은 분명 특이한 현상임에 틀림없다.

상투적으로 거론되는 화인은 봄을 맞아 건조해진 DMZ 나뭇가지들이 서로 부딪히면서 불이 나거나 야생동물들이 비무장지대에 매설돼 있는 지뢰를 건드려 불이 발생할 수도 있다는 것이다. 그렇지만 원시림이 전혀 없는 비무장지대에는 서로 부딪혀 불이 날 정도로 고목들이 많지 않다. 비무장지대뿐만 아니라 주민들의 출입이 통제되는 민통선 지뢰밭에서 같은 방식으로 산불이 거의 발생하지 않은 것은 인위적인 측면이 강하다고 볼 수밖에 없다.

철원지역 비무장지대는 2003년 4월 2일 오후에도 불에 탔다. 1일 북방한계선 너머에서 발생한 산불이 남쪽으로 부는 바람을 타고 내려오기 시작하면서 적근산 전방 비무장지대까지 이르자 시커먼 연기가 하늘을 뒤덮기 시작했다. 이 산불은 해질 무렵 남대천을 넘어 계응산 기슭을 삽시간에 태우면서 주민들도 매설된 비무장지대 지뢰가 폭파하는 소리를 들을 수 있을 정도였다. 그러나 2년 전 산불과 달리 인근 김화읍 생창리와 읍내리, 유곡리 일대의 잡목들을 모두 태우면서 한탄강을 건너 철원읍 월정리 철의삼각지 앞을 지나 백마고지 주변까지 도달했다.

일반적으로 비무장지대 산불은 1-2개 사단이 맡고 있는 철책선 너머 전방지역에서 타다 꺼졌는데 이번 불길은 몇 개 사단지역의 섹터를 그대로 가로지르는 놀라운 기동성을 발휘하다 꺼졌다. 그 사이 민통선 지역 주민들은 이 비무장지대의 산불이 철책선을 넘어 마을로 미치지 않을까 불안에 떨어야 했다. 불길이 서쪽으로 지나가 주민 피해는 발생하지 않았지만

산불로 타 죽은 DMZ 아카시아 나무들. DMZ에서 발생한 산불이 지나가면서 아카시아 나무가 불에 그을려 말라 죽어가고 있다. 2001. 6.

확산을 막기 위해 철책선 안으로 들어가 진화도 할 수 있는 형편도 아니었다.

산불이 발생한 지 보름 만에 다시 찾은 이 지역은 풀들이 일제히 올라오기 시작해 마치 잔디가 덮여 있는 하나의 골프장 필드 같았다. 수십 명의 조경요원을 들여 잔디를 깎았어도 이만큼 깨끗하게 할 수는 없었을 것이다. 가운데로 지나가는 남대천은 목가적인 느낌이 들 정도로 평온하고 한적해 보였다. 그렇지만 산불이 지나갔던 북방한계선 주변은 반미구호와 함께 아직 풀이 제대로 돋아나지 않아 썰렁하기만 했다. 산불로 폭발해 버린 지뢰를 다시 매설하기 위한 작업도 이 지역에서 관측됐다고 한다.

비무장지대 산불과 관련해 눈여겨볼 것은 산악지역의 경우 몇 미터 안 되는 철책선을 넘어 번질 개연성이 높지만 평지의 경우 철책선 주변까지 농경지가 자리잡고 있어 크게 탈 만한 것이 없다는 것이다. 이런 까닭에 농경지와 접하고 있는 비무장지대의 산불은 그 안에서 번지다 꺼지는 것이 일반적이다. 남북한이 대치하고 있는 특성상 비무장지대 안으로는 진화장비가 들어가기 힘들어 산림청 헬기가 철책선을 넘지 못하도록 부지런히 물을 떠다 뿌리는 것이 전부였다.

철원지역은 90년대초 최전방 비무장지대에서 발생한 산불이 1주일간에 걸쳐 산림을 태우는 등 여러 차례에 걸쳐 산불이 일어났다. '세계적인 생태계보고'라는 수식어가 오르내리는 한반도 비무장지대에서 발생하는 산불은 후방지역의 야산보다 산림밀도가 크게 떨어지게 만든 주된 요인이다.

2001년 3월 31일 오후 1시게 강원도 고성군 현내면 명파리 금강산전망대 북방 비무장지대에서도 산불이 발생했다. 남강 상류 북한지역 비무장지대에서 발생한 이번 산불은 4월 1일 월비산에서 세력을 키우며 동진하면서 구선봉과 감호주변 비무장지대 초원을 새카맣게 태워 버렸다. 감호는 '선녀와 나무꾼'이라는 전설이 내려오는 곳으로 바로 동해와 인접하고 있어 독특한 해안습지를 유지하는 곳이다. 이번 산불은 금강산 관광을 다녀오던 관광객들에게 봉래호 선상에서 한밤중에 비무장지대의 불바다를 감상할 수 있는 기회를 제공했다. 2일 오전, 바람 따라 불길이 남방한계선 최전방 철책선 근처까지 다가오자 장병들은 제독차와 소방차 등 진화병력을 배치하고 만일의 사태에 대비했다. DMZ 때문에 사람이 손을 제대로 쓰기 어려웠던 이 산불도 오후 들어 비가 내리기 시작하자 자연진화됐다. 산불 원인은 북한

측의 화전이나 영농활동과 관련이 있을 것으로 추정됐을 뿐이었다.

고성지역에서는 한 해 전인 2000년 4월 6일에도 현내면 송현리 북방 비무장지대에서 산불이 발생했는데 강풍을 타고 남방한계선을 넘어 인근 현내면 명파리 민통선 주변까지 접근했다. 갑작스런 비무장지대 산불로 주민 135가구 417명이 명파초등학교로 대피하는 소동이 벌어지고 뒷산에서는 산불의 남하를 차단하기 위한 긴박한 진화작전이 펼쳐졌다. 이 불은 8일 오전에 진화가 됐다.

여러 차례의 산불로 크게 탈 만한 것이 없는 비무장지대 산불과는 달리 산악지역에서는 철책선을 넘을 경우 피해가 커진다. 전방지역 주민들도 1990년대부터는 난방용으로 나무를 더이상 사용하지 않아 불길이 미칠 수 있는 것이 많아졌고, 간벌작업 때 쌓아 놓은 나무들이 불쏘시개 역할을 하기 때문이다. 그래서 고성지역의 산불은 불길이 한 번 훑고 지나가는 비무장지대 산불과 달리 장작과 다름없는 간벌목이 오랫동안 타면서 시뻘건 불고랑이를 생성한다. 그만큼 진화작업을 벌이는 사람들에게는 골치아픈 존재지만 보기 드문 장면을 연출하는 측면도 있다.

정전 이후 비무장지대가 형성되면서 비무장지대에서는 매년 2월 하순에서 4월말까지 각종 산불이 발생하고 있는데 군당국은 지난 1999년에는 11회에 걸쳐 대형 산불이 발생, 160제곱킬로미터를 태웠으며, 2000년에도 19번의 산불로 371제곱킬로미터를 태웠다고 밝히기도 했다. 이와 동시에 각각 587발과 703발의 지뢰가 두 해의 산불 속에서 각각 터졌다는 사실도 확인할 수 있었다. 그러나 최전방 사단에서 조치할 수 있는 소규모 산불은 통계에 잡히지 않아 묻혀 버렸을 개연성이 높다.

비무장지대 산불은 군사적인 목적에서 이뤄지는 화공작전과 함께 북방한계선에서 북한이 군인들의 자급자족을 위해 영농활동을 벌이고 있는 것과도 밀접한 관계가 있다. 우리나라에서 지난 1970년 후반기부터 사라지기 시작했던 화전영농이 북한에서는 봄철부터 재개되기 때문이다. 어쨌든 비무장지대는 연례적으로 불바다로 변하는 과정을 되풀이하며 그 어느 곳에서도 볼 수 없는 특이한 모습을 갖게 됐다.

108

2. 화마 뒤에 돋아나는 DMZ 속살

2001년 2월, 김화읍 북방 비무장지대에서 발생했던 산불은 인근 계웅산 기슭의 남방한계 선까지 불태우면서 천이과정을 살펴볼 수 있는 기회를 마련해 주었다. 산불이 발생한 곳은 잡목과 수풀이 타버려 민둥산의 모습으로 잠시 머무른다. 그러나 이곳에도 봄이 오면서 땅 속에 묻혀 있던 생명들이 속살을 드러내면서 금세 푸른 초원으로 변한다. 하늘을 가릴 만한 나무와 같은 목본식물이 없다 보니 땅속에 묻혀 있던 각종 초본식물들이 일제히 고개를 내 미는 것이다. 이렇게 비무장지대 식물들은 비슷한 속도로 산불지역을 옅은 초록색으로 물들 이며 오히려 불이 나지 않았던 야산보다 상큼한 녹음을 자랑한다. 무시무시한 폭발물이 매 설돼 있고 화마까지 할퀴고 지나간 그 자리가 그토록 생명력 왕성한 아름다움을 드러내는 것은 이 지역에서만 관찰할 수 있는 분단의 부산물이다. 그래서 비무장지대는 초본식물들을 이용하는 고라니와 같은 야생동물들이 살아갈 수 있는 터전이 된다.

산불 이후 김화읍 암정리 버들골을 다시 찾았을 때는 여름철 녹음은 모두 사라져 버리고 벌거숭이 산을 살짝 덮은 목본식물과 초본식물들이 앙상하게 서 있었다. 산불로 잿더미가 된 비무장지대는 사람들이 간섭하지 않아도 계절의 법칙 속에서 나름대로 회복되고 있었던 것이다. 문제는 나무들이 더 이상 크지 못할 정도로 반복되는 점이다.

산불로 잿더미가 된 곳에서도 땅속에 있던 각종 씨앗이나 뿌리들은 영락없이 모습을 드러 내지만 산불이 발생하지 않았던 곳만큼 성장하는 데는 한계가 있다. 비무장지대에 드문드문 서 있는 나무들도 이러한 악조건을 뚫고 성장한 지 오래 되지 않아 다시 산불이 지나가면 땅 과 가까운 곳은 불에 타 가을철까지 새싹이 돋아나지 않는다. 수분과 영양분이 올라가는 나 무껍질이 불에 타서 말라 죽어가는 것이다. 결국 땅속에 있는 뿌리에서 다시 새싹이 돋아나 면서 초원과 어울리는 풍경은 연출되지만 '생태계의 보고'로 무작정 단정짓는 데 문제가 있다는 점이다.

빈번하게 발생하고 있는 비무장지대 산불은 자연에 가장 치명적인 영향을 미치는 인간의 발길을 차단됐다고 하더라도 다양한 야생동물들이 살아가는 데 어려움을 줄 수 있다. 물론 양구, 인제, 고성 등 중동부전선 비무장지대 산악지역은 화마의 손길이 초원지대보다 덜해

화마 뒤에 돋아난 DMZ 초지. 2001년 화마가 지나간 철원군 김화읍 남대천 북방 비무장지대에서 고라니 한 마리가 풀을 뜯고 있다. 2001. 6.

산양(천연기념물 217호)과 멧돼지 같은 부류의 야생동물들이 서식하고 있다.

　여러 차례의 산불을 겪으면서도 오늘날과 같은 모습을 유지하고 있는 비무장지대는 남북한 긴장을 완화시키고 화공작전을 철저하게 자제한다면 빠른 속도로 생물다양성을 회복할 것이다. 2001년 화공작전을 전개하지 않기로 한 것은 실질적인 비무장지대 보호방안으로 갈 수 있는 방향을 남북한이 서로 잡았다는 면에서 매우 바람직한 움직임이었다. 하지만 한반도를 둘러싸고 발생하는 전운이 우리 민족의 의지와 상관없이 몰려오는 경우가 많은 만큼 남북한이 협력을 모색해야 실효를 거둘 수 있다.

　분명한 것은 비무장지대가 이와같은 시계청소와 산불로 원시림을 유지하고 있는 곳이 거의 없다는 사실을 인식하고 더 이상 불이 발생하지 않도록 하는 것이다. 이는 비무장지대를 보전하기 위한 그 어떤 방안보다 중요한 것이다. 그렇지만 비무장지대가 생태계를 보호하기 위해 설정된 것도 아닌 만큼 화공작전을 자제하더라도 철책선 앞을 무성하게 가릴 수 있을 정도로 방치하기에는 군사적 측면에서 한계가 있다. 무엇보다 극심한 식량난을 겪고 있는 북한이 봄철에 불을 놓은 자리에 씨앗을 뿌리는 화전영농을 하고 있어 이와같이 비무장지대의 생태적인 측면을 고려하리라는 기대는 아직 이르다.

　평화가 적대적인 당사자들이 전쟁을 단념하고 적극적인 화해와 협력 의지가 있을 때 이뤄지는 것처럼 비무장지대의 보호도 '생태문제'보다 북한의 '생계문제'가 먼저 해결되어야 가능할 것이다. 그리고 비무장지대가 세계적인 분단유산으로 보호받을 수 있는 길은 그 공간에서 야생동물들이 평화롭게 뛰어놀 수 있도록 먼저 생태계 대책을 세우는 것이 아니라 총부리를 내려놓을 수 있는 환경부터 조성해야 하는 것이다.

비무장지대는 사람이 중심이 되는 지역이다. 불길에 의해 황폐화한 비무장지대는 전쟁 이후 대립과 갈등을 겪어 온 우리 민족의 비극적 현실을 상징적으로 보여주고 있다.

4. 신음하는 민통선 지역

민통선 지역의 대책이 시급한 것은 반세기 동안 변함없이 버티고 있는 비무장지대에 비해 대책을 세울 수 있는 기회가 아직 남아 있다는 점이다.

비무장지대는 철로나 육로 개설을 위한 제한된 특정 공간을 제외하고는 개발과 보존을 위한 현장조사가 불가능하다. 특히 이 지역은 정전협정 관련자인 북한과 유엔군, 우리측이 비무장지대 이용에 관한 공통의 의견을 도출하지 않으면 출입조차 할 수 없기 때문에 희망사항에 머무를 공산이 매우 높다.

남방한계선 바로 아래 5-20킬로미터 범위에 설정된 민통선 지역(CCL, Civilian Controlled Line)은 한국정부와 국군의 통제 하에 있기 때문에 개발이나 보전을 위한 속도를 얼마든지 조절할 수 있다. 또 남북화해 분위기를 틈타 비무장지대 못지않게 갇혀 있던 민통선 지역에서 발생하는 문제점과 그 대책을 통해 향후 비무장지대에 불어닥칠 충격을 줄이는 방안을 마련할 수도 있다.

이미 민통선이 해제된 서부전선 지역에서 난개발 조짐을 보이고 있다. 중부전선과 동부전선으로 갈수록 민통선 지역이 비무장지대를 보호하는 방파제 역할을 하는 점에 주목할 필요가 있다. '입술이 없어지면 이가 시리다'는 순망치한의 관계처럼 민통선은 비무장지대를 보호하는 최후의 보루 역할을 하고 있다.

1. 난개발 광풍지대

서울에서 자유로를 타고 도심을 벗어나자마자 경기도 파주시 탄현면 성동리 임진강 너머 황해남도 개풍군 지역의 대남 선전마을이 한눈에 들어온다. 강변에는 인민군들의 초소가 일정한 간격을 두고 서 있으며, 그 너머로는 여의도 63빌딩과 비슷한 거리에 개성 송악산이 버티고 있다.

철책선이 설치된 자유로 강변에서는 대낮에도 북녘과 도로변을 경계하는 아군의 긴장된 모습이 운전자들의 차창으로 스치고 지나간다. 밀물과 썰물을 틈타 북한의 무장간첩들이 침투해 갈대밭에 숨어 있었던 취약지역이기 때문이다.

누구나 느낄 수 있는 점은 우리의 수도인 서울이 북한과 이처럼 가까운 거리에 자리잡고

구멍난 접경지역 관리. 대북 선전용 전광판이 들어서 있는 파주시 탄현면 임진강 인근 야산까지 주택단지가 조성되는 등 난개발 바람이 불고 있다. 덮개가 사라진 주택단지 내 맨홀이 구멍난 서부전선 접경지역 관리정책을 보는 듯하다. 2003. 4.

임진강 철책선 앞까지 파헤쳐진 국토. 대북 방송시설이 설치돼 있는 임진강 최전방까지 난개발 바람이 불어닥치고 있다. 왼쪽 자유로 너머가 북한지역이며 군부대 시설을 겨우 가려 주고 있는 '자연사랑, 나라사랑' 간판. 2003. 4.

있다는 사실이지만 실향민들은 강 하나 사이를 두고도 고향에 가지 못하는 한을 삭여야만 한다.

임진강은 육지처럼 군사분계선이 지나가는 DMZ는 아니지만 민간인들의 발길이 닿을 수 있는 남방한계선이자 철책선을 따라 군인들이 경계근무를 서고 있으니 사실상 비무장지대와 같은 역할을 하고 있는 셈이다. 하지만 자유로 남쪽 부근을 바라보면 혼돈스러운 풍경이 펼쳐진다. 북녘땅과 임진강이 코앞으로 내려다보이는 자리마다 러브호텔, 카페촌, 음식점들이 마구잡이로 들어서 있다. 휴전선 내륙의 경우 최전방 주민들조차 접근이 어려워 구경하지 못한 대북 선전탑이 임진강과 이 난개발지역 사이에 서 있어 당혹스럽기까지 하다.

동해안 전방지역 해수욕장 주변에는 "이곳은 당신의 자녀와 형제들이 경계근무를 서고 있으니 근무에 지장을 주는 행동을 자제해 달라"는 애교 섞인 경고문이 서 있는데 임진강에서 근무하는 장병들은 주변의 유혹들까지 뿌리쳐야 하는 의무까지 있는 듯하다.

산기슭을 흉물스럽게 깎아 만들어 놓은 계단식 전원주택지는 배산임수의 공동묘지터를 방불케 한다. 최근 여론에 의해 분양은 중단됐지만 수도시설이 잡초 사이로 방치되고 맨홀 덮개조차 사라져 한눈에 도시계획이 구멍 뚫린 지역임을 알 수 있다. 자유로 인근에도 근린 생활시설 분양하기 위해 산자락이 파헤쳐지고 분양을 알리는 깃발이 펄럭이고 있다.

도로도 아직 농기계나 과거 주민들이 다니던 농로 수준으로 굽어 있거나 정비되지 않은 상태여서 빈번하게 오고가는 차량들이 제속도를 내지 못하는 것으로 보아 도시계획에 앞서 난 개발 바람이 먼저 불어닥친 것이다. 이미 야산은 근린생활시설 용도로 파헤쳐지고 대북방송을 담당하는 군부대는 울타리보다 훨씬 크고 높은 간판으로 민간인들의 눈길을 피해야 하는 실정이다. 군부대 보호시설로는 상당히 깨끗해 보이지만 '나라사랑 자연사랑'이라고 적혀 있어 의미심장하다.

이 지역 토박이들도 씁쓸해하기는 마찬가지다. 마을 주변의 러브호텔과 카페촌으로 드나드는 차량들이 늘어났지만 지역개발 효과가 있다고 보기는 어렵기 때문이다. 도시도 아니고 농촌도 아닌 어정쩡한 상태가 혼재하면서 소득원이 뻔한 주민들의 씀씀이조차 헤퍼지기 시작했다. 이미 일산에 신도시가 건설된 마당에 이와같은 무분별한 개발 양상이 더욱 가속화될 것을 우려하고 있다. 바로 건너다 보이는 임진강 건너편 사회주의의 최전선에 있는 북한 사람들은 자본주의 최전방에서 펼쳐지는 이러한 모습을 도대체 어떻게 받아들일지 궁금하기조차 하다.

이러한 난개발 풍경은 김포군 월곶면 용강리 등 북한땅을 바라보고 있는 김포 북부 최전방 지역에서도 그대로 이어진다. 파주와 김포에는 신도시가 새로 들어설 계획이어서 난개발 광풍은 계속될 가능성이 높다.

군사시설 보호 명목으로 만들어졌던 민통선이 개발 요구로 크게 해제되면서 행정력이 미치기 전에 최대한 이익을 챙겨 보자는 투기 바람이 먼저 불어닥친 결과다. 수도권 인근 접경지역의 인구가 크게 늘어나고 있어 기반시설 등 후속대책 마련이 시급한 상황이지만 난개발 속도를 제압하기는 현실적으로 어려워 보인다.

이처럼 북한과 대치하고 있는 최전방 지역에까지 난개발 바람이 불어닥치게 한 원인으로 환경단체들은 정부가 최근 마련한 접경지역지원법이 그 주범이라고 지적한다.

2. 개발무풍지대

남북교류 분위기로 땅값이 계속 오른다는 보도가 나오고 있지만 6·25전쟁 이후 정부가 최전방 지역 황무지를 개발하기 위해 정책적으로 입주시킨 통일촌과 재건촌지역 주민들이 30년간 살아온 터전을 버리고 떠나는 현상이 벌어지고 있다.

지난 1970년 정부의 권유로 103가구가 집단으로 입주한 강원도 철원군 중부전선 최전방 지역 민통선 안에 있는 김화읍 생창리의 경우 현재는 90가구로 줄어들었다. 이 마을에서는 2003년 2월 10일 오전, 방모(65) 씨 부부가 33년간 생활해 온 집과 각종 농기구를 버리고 고향인 경북 문경으로 쓸쓸하게 떠났다. 이사 준비를 하고 있다는 말을 듣고 이날 오전 배웅을 해주기 위해 집을 찾았던 주민들은 이미 자물쇠로 잠겨 버린 현관과 창고를 보며 착잡한 기분에 사로잡혔다.

방씨가 20년 상환 조건으로 농협에서 빚을 내 지은 현대식 주택 옆으로는 입주시 2가구가

117

이름보다 앞선 주택 호수. 정부가 1970년 정책적으로 입주시킨 철원군 김화읍 생창리 민통선 지역의 한 트랙터에 주택 호수가 이름 위에 표기돼 있다. 2001. 11.

입주민 떠나는 민통선 통일촌. 남북교류가 이뤄지고 접경지역지원법까지 제정됐으나 전방지역의 생활여건이 여전히 개선되지 않으면서 주민들이 30여 년 동안 살아온 터전을 버리고 떠나 버린 철원군 김화읍 생창리의 한 주택. 2003. 2.

겨우 살 수 있도록 만들어졌던 연립주택 형식의 토담집이 아직까지 남아 있었다. 그 앞으로는 얼마 전에 마련한 대형 트랙터가 우두커니 서 있었다. 이 마을에서는 국방부가 주민들이 개척해 놓은 토지를 공매처분해 버린 2002년에도 3가구가 이사를 갔다.

이처럼 주민들이 젊음을 바쳐 개척해 놓은 삶의 터전을 버리는 현상은 마을 입구에 설치돼 있는 군부대 초소를 지나다녀야 하는 불편과 전방지역 특성상 각종 인·허가 등이 군사시설보호법에 묶여 제한되면서 생활여건이 좀처럼 나아질 기미가 보이지 않기 때문이다.

최근 정부가 휴전선 이남 민통선 지역과 인근 20킬로미터에 이르는 접경지역을 체계적으로 개발하고 환경을 보호하기 위한 접경지역지원법이 제정돼 추진되고 있으나 휴전선 아래에서는 불편한 생활이 계속되고 있다. 야생동물들이 서식하는 생태계가 파괴될 것이라는 환경단체들의 목소리가 더 높아 주민들은 이 법이 생색내기에 그치고 말 것이라고 걱정을 하고 있다.

전쟁이 할퀴고 지나가면서 먹고 살 터전이 없어지자 전국에서 개척민들이 몰려와 지뢰밭과 황무지를 개발해 살아온 그들이 휴전선 지역이 남북교류의 장으로 떠오르고 있는 이 시점에 그들이 발붙일 곳은 없어 보였다. 그러나 어느 사회단체에서도 이러한 현상에 대해서는 대책마련을 촉구하는 곳이 없었고, 행정기관도 별다른 대책이 없는 듯하다.

이 마을이 사람들의 불편한 생활상은 입주 당시 정해진 집 호수가 아직도 이름 대신 불리고 있는 점에서도 찾을 수 있다. 대한민국 사람이라면 번지와 이름이 대표적인 주소로 사용되지만 이곳에서는 몇 호집이라는 것이 아직도 통용되고 있다. 물론 정부가 입주시 지어 준 재건주택은 한 집에서 2가구가 생활을 해야 하는 불편 때문에 주민들이 빚을 내 집을 지으면서 그 번호판은 대부분 사라지고 문패가 대신 자리를 차지하고 있다. 그러나 군부대가 문서를 보내거나 주민들이 탄원서 등을 만들 때는 그 집 호수가 아직도 유효하게 사용된다.

2001년 2월 24일, 주둔하고 있는 군부대측은 민통선 마을 무단입주에 대한 행정조치를 철

유사시 주민들이 총을 들고 나가 싸워야 했던 철원군 김화읍 유곡리 민통선 마을 무기고에 적혀 있는 총력 안보 글씨가 남북화해 분위기로 희미해져 가고 있다. 2002. 6.

철의 삼각지 삼팔선 막걸리. 철원군 김화읍 생창리 남방한계선 앞에서 가뭄으로 모를 내지 못하고 있는 한 주민이 삼팔선 막걸리로 목을 축이고 있다. 2001. 4.

민통선 폐교의 독서하는 소녀상. 학생 수가 감소하면서 폐교된 철원군 김화읍 생창리 민통선 생창초교의 책 읽는 소녀상. 책 위가 최전방 소초이며 무릎 부분은 지뢰매설지역, 발 부분의 운동장은 논으로 각각 변했다. 2001. 10.

원군에 의뢰했다. 이 무단입주자들은 모두 1970년 입주 이후 마을에 들어와 살게 된 입주자들의 가족들로서 단지 군부대에 민통선 출입 신청을 하지 않았다는 잘못밖에 없는 주민들을 말한다. 가령 아버지가 돌아가시고 아들이 세대주가 돼 살고 있는 경우도 무단입주에 해당되는데 군부대측도 정상 입주세대 중 동거인수가 변동한 세대라는 것을 알고는 있는 것 같다. 군부대측이 제출한 문서에는 김화읍 생창리, 유곡리 등 철원지역 4개 민통선 마을에 거주하는 340가구 가운데 무단입주가 104가구나 해당됐는데 갑자기 군부대가 문제를 제기한 것은 주민들이 초소문제를 제기했기 때문이다.

비무장지대를 찾아서

주민들은 초소가 생활에 불편을 주고 전방지역에 또 다른 초소가 있는 만큼 북상시켜 줄 것을 요구하는 탄원서를 청와대 등에 제출한 것이고, 군부대측이 출입통제를 강화하기 위해 신규 출입증 발급을 요구하면서 마찰이 일어났다. 군부대측은 입주 당시 들어온 사람 이외는 모두 무단입주자로 규정하고 철원군에 강제로 퇴거시키거나 아니면 신규 출입증을 받도록 행정조치를 하라고 통보했다. 이 공문서에는 세대주와 변동자 이름보다 몇 호집이라는 숫자가 우선적으로 기재돼 있는데 주민들이 민통선에 거주하는 객체로 취급되면서 그 번호가 이름을 대신한 것이다. 그 번호는 출입 농민이 트랙터 정면에 몇 호라는 숫자와 이름을 크게 써 붙이고 다녀야 하기 때문에 농기계에도 그대로 적용된다.

사라호 태풍 여파로 지난 1960년 경북(당시 강원도) 울진군 주민들이 들어와 살고 있는 철원군 근남면 마현1리 민통선 마을에도 최근 5채의 빈집이 발생했으며, 150여 명에 달했던 이 마을 마현초등학교의 학생수는 30여 명으로 줄었다. 초창기 입주한 66세대 가운데 대다수의 세대주가 숨지고 세대주가 살아 있는 집은 7세대에 불과하다.

비슷한 시기에 입주정책이 추진됐던 김화읍 유곡리를 비롯해 인근 갈말읍 정연리와 동송읍 이길리도 마찬가지로 지정번호가 주민을 대신하는 관습이 아직 남아 있을 정도여서 최근 마을을 떠나는 사람과 빈집이 늘고 있는 추세다.

김화읍 생창리 김영인 이장은 "남북교류가 이뤄지고 접경지역지원법이 추진되고 있으나 민통선 지역은 제약조건이 그대로 남아 있어 더 이상 희망이 없다"며 "정부가 생활여건을 획기적으로 개선해 주지 않는 한 전방지역은 공동화 위기를 맞을 것"이라고 걱정했다.

전쟁으로 버려진 황무지를 개척하고자 했던 개척민들의 꿈은 마을 앞산 너머로 지나가는 휴전선에 부딪쳐 결국 다시 고향을 찾아가는 'U턴 현상'으로 나타나고 있다. 또 30대 청춘으로 입주한 주민들은 한 세대가 지나가면서 60-70살의 노인들이 되었으며, 머지않아 대다수 세상을 떠나거나 자식들이 나가 있는 외지로 떠날 수밖에 없다. 그래서 젊은이들이 돌아올 만한 여건이 갖추어지지 않은 한 휴전선 통일촌과 재건촌지역의 공동화는 불을 보듯 뻔한 일이다. 이 지역에서는 봄철마다 농민들이 군부대의 대민지원을 애타게 기다리고 있다. 노인들이 힘든 농사를 짓고 있지만 젊은이들이 없어 군인들이라도 도와 주어야 모내기를 마칠 수 있기 때문이다. 그렇지만 모내기 시기가 진지보수 시기와 겹쳐서 많은 군인들이 농민

마을 앞에 떨어진 박격포탄. 화천군 원천리 군부대 공용화기 사격장에서 쏘아 올린 박격포탄이 마을 주변에 떨어지면서 구덩이가 만들어졌다. 2001. 9.

들을 도와 줄 수 있는 형편도 아니다. 진지보수를 위해 군 헬기들이 먼지를 일으키며 이착륙하는 주변에서 70살이 넘은 노인들이 모를 내는 풍경은 서로 급박한 사정을 대변하고 있다. 농촌지역 공동화현상은 민통선 바깥 지역인 접경지역에서도 비슷하게 벌어지고 있었다.

한반도의 허리인 휴전선 지역은 젊은이들과 후방지역 주민들이 올라와 정착하는 'T턴 현상'으로 바뀔 때 튼튼해질 수 있다.

"되돌아간다고 반겨 줄 사람이 있습니까. 다시 한 번 시작하는 수밖에 없지 않습니까." 어렵던 초창기 개척시절 반갑게 맞아 줄 사람조차 없는 고향으로 발길을 돌리다 이 말을 듣고 주저앉았던 입주민들은 이제 다음과 같이 반박을 하고 있다. "남아 있다고 무슨 희망이 있습니까. 그래도 나이 들어 갈 수 있는 곳은 고향밖에 없지요." 그렇지만 남아 있을 수밖에 없는 주민들은 "정을 붙이고 사는 곳이 고향"이라며 마음을 가다듬느라 애쓰고 있다.

전쟁 이후 힘들게 살던 젊은이들이 땅 한 평이라도 갖기 위한 소원을 이루기 위해 몰려들고 개척의 역사를 펼친 휴전선 민통선 지역은 너무 빨리 황혼빛에 저물어 가고 있다.

3. 황폐해진 분단 공간의 산림

휴전선 지역은 개발로 인해 산림이 급격히 황폐화해 가고 있다. 그 개발문제와 관련, 다각적으로 대책을 모색해 봐야 하지만 절대적인 기준을 적용하기가 어렵다. 그러나 개발로 산림이 망가졌던 과거를 통해 내일을 위한 계획을 세워 볼 필요가 있다.

경기도 김포시와 강화도 최북단에서 눈에 들어오는 북녘 땅의 풍경은 모두 민둥산이 많다는 특징을 가지고 있다. 민가가 자리잡은 야산 기슭은 땔감용 나무를 채취해 벌거숭이로 변했다. 인공위성 사진으로 보는 예성강 주변의 북한지역은 황색에 가까워 나무가 우거진 숲을 찾기 어렵다. 1980년대 후반부터 북한의 경제형편이 어려워지자 난방용으로 나무를 사용하고 산기슭을 개간하면서 벌어진 현상이다.

판문점에서도 나무 한 포기 찾기 어려운 북녘의 척박한 풍경은 가슴 아플 뿐이다. 이와같이 급격히 황폐해진 북한의 모습은 중부전선으로 옮겨 와도 크게 다르지 않다. 철원군 근남면 마현리 전방 남방한계선에서 내려다보이는 북한 마을은 민둥산으로 둘러싸여 있다고 보는 것이 옳다. 간혹 키가 큰 나무가 있다고 해도 하전사 교육장(신병훈련소) 건물 주변으로 포플러 나무가 10여 그루 정도 서 있는 게 고작이다.

나무를 베어 낸 마을 주변의 야산은 겨울이면 하얀 눈으로 뒤덮여 스키장 같은 슬로프가 형성돼 산림지역과 자연스럽게 경계선이 만들어진다. 북한은 심지어 북방한계선 주변에서도 개간할 수 있는 공간은 모두 땅으로 만들어 농작물을 심고 있다. 전략적 요충지인 오성산 정상 부근에서도 채소를 심기 위한 영농활동이 이뤄지고 있을 정도다. 철원지역 주민들은 우리나라 대관령 산간지역에서 이뤄지는 농업 형태를 따서 북한 주민들도 고랭지 농사를 하고 있다고 말한다.

그렇지만 남의 형편으로만 느껴지지 않는 것은 배고픈 고통을 참아내기 위해 허리띠를 더욱 조여 매던 보릿고개가 저절로 떠오르기 때문일 것이다. 1970년대 중반까지 우리나라 산간지역 주민들이 화전농업을 하면서 만들어 놓았던 풍경과 크게 다르지 않은 것이다.

남방한계선 바로 아래에 자리잡은 양구군 해안면은 산림을 농경지로 만들어 고랭지 농사를 지으면서 장마철마다 빗물에 쓸려 나가고 흙탕물이 마을앞 개울을 가득 메울 정도로 심각해지고 있다. 이 흙탕물은 소양호로 내려가면서 물을 대기 위해 설치해 놓은 보를 가득 메우고 있어 봄철마다 준설작업을 벌여야 한다. 최근에는 해안면에서 내려오는 모래가 더 이상 유입되는 것을 막기 위해 막대한 예산을 들여 모래 차단시설까지 설치해야 하는 문제로 떠오르고 있다.

자급자족 차원에서 녹색혁명을 일으키기 위한 새마을운동이 전국을 휩쓸고 지나갈 때 그 열풍이 철책선 바로 아래 동네까지 퍼지면서 발생한 후유증이다. 당시 이곳에서는 산비탈 산림을 계단식 농지로 개간하는 작업이 강원도지사 주도로 실시됐으며, 계단식 농장을 만든 주민들은 녹색혁명의 기수로 영웅대접을 받던 시절이었다.

산을 개간해 만든 이곳은 오랫동안 묵었기 때문에 고랭지 농업의 적지로 꼽혔다. 그러나 점차 주민들도 이처럼 산등성이까지 개발해 환경재앙이 닥치는 점에 대해서는 후회하고 있다. 매년 비가 오면 산사태가 발생하면서 농경지는 사람이 지나다닐 정도로 깊게 패여 나가고 그 흙탕물로 개울이 오염되기 때문이다. 특히 고랭지 농업에는 막대한 비료가 투입되고 농약까지 살포했기 때문에 이것이 홍수로 한꺼번에 쓸려 내려오면서 소양호 상류의 부영양화나 오염까지 부추기는 것이다.

이런 점에서 주민들은 해안지역 산기슭의 농경지 3분의 1가량은 원상복구시켜야 한다는 점에 공감하고 있다. 언젠가는 산림으로 보전해야 하기 때문이다. 그렇지만 목숨 걸고 개간한 땅인데다 겉흙이 패여 나가면 비옥한 속흙이 노출되고 병충해 걱정없이 농사를 지을 수 있었기 때문에 무턱대고 포기하기도 어려운 형편이다. 다만 정부가 개간비와 농가 이주비를 제공하는 방식으로 이 땅을 환수해 원상복구시킨다면 반대하지 않겠다는 의견이 많다.

4. 그 많던 민통선 산림들은 왜 사라진 것일까

비무장지대에서 접근하는 적을 쉽게 발견하기 위해 사계(射界) 청소가 벌어졌던 것처럼 민통선 지역도 전후 비슷한 목적으로 대대적인 시계(視界) 청소가 이뤄졌다. 민통선 지역의

황량한 DMZ. 잦은 산불과 시계청소, 북한의 농경지 개간으로 황량해진 철원 북방 DMZ. 2000. 5.

시계청소가 비무장지대 사계청소와 다른 것은 이미 오래 전에 중단됐다는 점밖에 없다.

양구군 해안면과 인근 도솔산 등 1천 미터가 넘는 고지는 일제가 소나무 등을 절대로 베지 못하도록 조치했기 때문에 6·25전쟁 이전까지 울창한 숲을 이뤘다. 그러나 이 지역은 전쟁 기간에 격전이 펼쳐져 대다수 망가질 수밖에 없었다. 당시 전사(戰史)에는 가칠봉, 도솔산 전투에서 밀고 밀리는 전투가 전개되면서 수많은 사상자를 냈다고 기록하고 있다.

그러나 40−50년이 넘는 울창한 소나무 산림이 민둥산으로 변하게 된 시기는 정작 휴전협정이 맺어진 뒤부터다. 미 8군이 휴전 직후 귀농선을 설정하면서 민간인이 전혀 발길을 들여놓지 못하던 이 지역은 1956년 4월부터 황무지 개척이 허용됐다. 당시 군부대 트럭으로 이주

DMZ 북방한계선 지역의 북한 산
림이 땔나무 채취로 황량한 풍경
을 드러내고 있다. 2003. 2.

민들을 실어다 놓았으나 살 집이 없자 군인들이 수십 년 묵은 소나무를 베어 구호주택인 통나무집을 지어 주기 시작했다. 통나무로 기둥과 서까래를 만들고 흙벽과 초가를 얹은 집이었는데 집 한 채에 2세대가 살 수 있는 공간이 만들어졌다. 모두 방 2칸에 부엌 1칸이었다. 그 흔적은 지금도 일부 남아 있는 당시 구호주택에서 어렴풋이 찾을 수 있다.

그러나 이 지역 산림이 민둥산으로 변할 수밖에 없었던 것은 휴전선이 빈약하다 보니 마을 주변 원시림이 북한의 간첩이 내려와 은닉할 우려가 높았기 때문이다. 무장간첩들이 가까이 은신을 하거나 잠을 자더라도 확인할 수 없을 정도가 되자 그 은신처를 없애기 위해 시계청소 작업이 추진된 것이다.

본격적인 시계청소는 김신조가 넘어온 직후부터 3년간 휴전선 155마일 대부분 지역에서 비슷하게 진행됐다. 시계청소 과정에서 쏟아져 나오는 목재들은 서울지역의 목재상들이 몰려와 가지고 갔다. 전후 서울의 주택 80퍼센트가 판자집으로 구성돼 있었고, 장작을 땔감으로 때던 시대였다.

128

남방한계선 주변까지 개간한 북한. 경제난으로 북한의 군인들이 DMZ 최전방 북방한계선 계곡까지 개간해 농사짓고 있는 농경지('자주' 간판 아래).

아울러 나무를 벤 곳은 봄·가을 2차례에 걸쳐 불을 놓아 은신처를 철저히 없애 버렸다. 휴전선으로 불길이 넘어가면 남북문제로 발생할 소지도 있어 군인들이 지키고 서 있다 북쪽으로 향하는 불을 껐다.

이러한 시계청소 작전에는 군인들뿐만 아니라 주민들도 동원됐다. 여름철에 시계청소 작전에 동원되는 주민들은 도로변에서 양쪽으로 50미터 지역을 모조리 깎아야 했다. 가구별로 도로변을 따라 50-100미터씩 구간을 정해 주었는데 남쪽으로 내려온 간첩이 도로변에 숨어 있다 지나가는 차량들을 공격할 수도 있다는 우려 때문이었다. 김신조 남파사건 이후 5-6년간 지독하게 진행됐던 이 지역 시계청소로 인해 수백 년간 유지된 이 지역의 산림은 전쟁 때보다 더 혹독하게 파괴됐다.

오늘날처럼 철책선이 완벽하게 구축돼 있지 않았던 시대였기 때문에 작전 편의를 도모하기 위해 민통선 지역까지 이뤄진 시계청소는 당시로서는 불가피한 측면이 있었다. 민통선 지역의 시계청소는 휴전선 지역의 목책이 철책으로 바뀌고 나서야 중단됐다.

5. 시계청소로 없어진 대암산 주목

민통선 시계청소로 사라진 것 가운데 가장 아까운 것은 대암산 지역 주목이다. 살아서 천년, 죽어서 천년을 산다는 주목은 휴전 이후에도 대암산 지역에 수천 그루가 자리잡고 있었는데 시계청소 과정에서 일반 잡나무처럼 모조리 베어지고 불태워졌다.

그러나 주목의 가치에 대해 눈을 떴던 일부 군부대 지휘관들은 주목 뿌리를 캐서 가공한 뒤 상납을 하거나 내다 팔았다. 당시 이 지역에서 근무했던 장병들은 주목나무 뿌리를 캐서 옮기느라 고생을 했던 일들을 생생히 기억하고 있다. 주민들도 이런 일과 관련 깊은 일부 군부대 지휘관들을 '주목 연대장' '주목 사단장'으로 불렀을 정도다.

휴전선 주변 울창했던 산림은 서울지역 판잣집 건축자재로 넘어가고 대암산 주목 뿌리는 가공과정을 거쳐 상류층의 거실 테이블이나 조각품으로 변하면서 거의 전멸했다. 현재 대암산에 일부 자라고 있는 주목들은 시계청소가 끝난 뒤 돋아난 새싹들이 성장한 것이다.

그 많던 민통선 지역 소나무와 대암산 주목나무가 만약 지금까지 살아 남을 수 있었더라면 생태학자들뿐만 아니라 일반인들도 '생태계의 보고'라고 부르는데 주저할 필요가 없었

시계청소 뒤 되살아나는 대암산. 1970년대 휴전선을 통해 내려오는 북한 무장간첩들의 은닉처를 없애기 위한 벌목작업
이 벌어지면서 민둥산으로 변했던 대암산에서 되살아나는 산림이 눈꽃을 뒤집어쓰고 있다. 2003. 3.

을 것이다. 주목을 베고 불태운 뒤 뿌리까지 파헤치는 행위는 환경의 중요성이 강조되기 시
작한 1990년대로 접어들면서 점차 고개를 숙였다.

그 당시 싹조차 트지 못하던 환경문제가 지금에 와서 휴전선 지역과 비무장지대까지 확산
되는 것은 생계문제가 어느 정도 해결되고 이를 거론하는 것이 사회분위기와 더 이상 배치
되지 않기 때문이다. 아울러 분단의 허리와 관련된 환경문제도 거스를 수 없는 하나의 대세
이지만 반세기 동안 우리의 민통선에서 이뤄질 수밖에 없었던 실태를 감안할 필요가 있다.

결국 생태문제는 생계문제가 해결될 때 가능한 것이며, 아직 생계문제가 더 시급한 전방
지역의 생활여건이 일정한 수준에 도달할 수 있도록 방안을 찾아가는 것이 두 문제를 함께
풀 수 있는 방안이 될 것이다.

5. DMZ 신화에 가려진 민통선

　비무장지대(DMZ)를 이야기할 때 안타까운 것은 민통선 지역(CCZ, Civilian Controlled Zone)이 비무장지대 유명세에 가려 버린다는 사실이다. 예를 들어 비무장지대는 분단 이후 인간의 간섭을 받지 않고 자연 그대로 유지된 결과 생물·지리학적으로 양호한 상태를 유지하고 있으며, 인근 민통선 지역도 비슷하다는 식으로 비무장지대에 포함시켜 버린다.

　민통선 지역 문제가 '비무장지대와 인근 지역'이라는 범주에 묻혀 버리는 것은 비무장지대를 중심으로 하나의 개념으로 보기 위한 편의주의나 차이를 사소하게 여기는 생각에서 발생한다. 가장 쉬운 예로 우리가 접해 온 DMZ 각종 야생동물의 모습 가운데 소수를 제외하고는 민통선 지역에서 촬영됐으나 비무장지대로 둔갑해 소개되고 있다.

　DMZ라는 이름을 달고 실시되는 대다수의 생태계조사도 자세히 들여다보면 모두 현재 민통선 지역이거나 과거 민통선이었던 곳이 다수를 차지하고 있다. 즉 민통선 지역의 생물보전 상태가 비교적 우수하니 비무장지대는 이보다 양호한 상태로 비약시켜 버리는 경우가 많다. 하나의 예외는 경의선 복원공사가 시작되고 이전부터 주민들이 살아온 서부전선 일대는 그 특성이 중동부전선 민통선 지역과 비슷해 'DMZ 생태조사'라는 이름을 달아도 흠이 되지 않았다. 그만큼 실질적인 비무장지대 조사가 한 번도 제대로 이뤄지지 못했다는 것을 반증하는 것이다. 지금까지의 생태조사 관행을 토대로 할 경우 '비무장지대와 인접 지역'이 양호한 생태계를 유지하고 있다는 식의 표현은 분명히 '민통선 지역과 인접 비무장지대'로 정정해야 하는 것이 합당하다.

비무장지대가 이처럼 환상과 신화에 싸일 수밖에 없는 것은 정전협정 뒤 마치 고립된 섬처럼 반세기 동안 통제되면서 국내와 해외의 관심을 끌기에 충분한 요소를 갖추고 있기 때문이다. 또 총부리를 맞대고 있는 요새화한 한반도의 틈새를 녹색지대로 부각시키는 것은 환경이라는 개념이 이데올로기를 대체하고 있는 전반적인 흐름 속에서 무엇보다 이야깃거리로 충분하기 때문이다. 수많은 동·식물들이 서식하고 있는 곳으로 일단 상정하기에도 편리하고 개발문제까지 거론할 수 있는 장점도 있다.

혹자는 남방한계선이 북상해 민통선 지역으로 돼 있는 곳도 DMZ로 봐야 하지 않느냐는 의견을 제시하지만 더 이상 비무장지대로 보기 어려운 것이 현실이다. 정전협정은 군사분계선을 기준으로 남북 2킬로미터씩 완충공간을 지정해 이를 비무장지대로 설정했지만 남방한계선이 북상한 곳은 사실상 남방한계선 이남이므로 때문에 그 개념에 벗어난다. 그리고 민간인의 거주를 제한한 규정도 이 지역에서는 더 이상 지켜지지 않고 있다.

어떤 곳이든 통제돼 있거나 갇혀 있는 곳은 많은 궁금증을 자아내기 때문에 사실 여부와 상관없이 알고 싶어지는 욕구가 생기기 마련이다. 비무장지대는 유엔사나 한국군의 작전상 출입을 제외하고는 민간인들의 발길이 철저하게 차단돼 왔으니 분명 베일에 싸여 있는 곳이다. 그렇지만 민통선의 일부 생태실태를 비무장지대로 과감하게 비약시키는 것이 문제가 되는 것은 민통선과 비무장지대 모두의 미래에 바람직하지 않기 때문이다. 두 지역이 밀접한 관련이 있지만 분명히 서로 다른 개념과 지역을 바탕으로 존재한다는 차별성 또한 매우 중요하기 때문이다. 대표적인 비무장지대 공간과 민통선 지역을 통해 그 실체에 접근해 볼 필요가 있다.

1. 생태계의 보고 민통선 지역

세계적인 두루미들의 도래지로 각광을 받고 있는 철원평야, 국내 람사 협약 1호로 가입한 대암산 용늪, 국내 최대 열목어 서식지가 자리잡고 있는 양구 수입천, 북한강 상류, 고진동계곡, 임진강 하류 두루미 도래지 등은 생태계의 보고로 꼽히는 지역이다. 임진강 유역을 제외하고 이들 지역의 공통점은 비무장지대 문제에 약방의 감초처럼 등장하는 장소지만 실제로는 모두 민통선 지역이다.

봄을 맞아 민통선 철원평야에서 두루미와 재두루미들이 먹이를 비축하며 시베리아까지의 장거리 비행을 준비하고 있다. 2001. 2.

이렇게 민통선 지역을 답사하고 비무장지대로 확대하는 것은 무엇보다 비무장지대에 접근할 수 없는 현실도 문제이지만 비무장지대가 민통선 지역보다 더 유명하고 일반인들이 이런 내막을 모르다 보니 비무장지대처럼 과대포장해도 묵인되는 풍토에 기인한다. 그래서 일반인들은 비무장지대(DMZ)와 민통선이 비슷하거나 같은 것으로 혼동하고 있으며, 심지어 전방지역은 모두 비무장지대로 알고 있는 경우도 종종 발견된다.

생태조사도 남북교류 움직임으로 경의선이나 동해선 개설이 추진된 최근에야 서부전선과 동부전선 통일전망대 부근에서 제한적으로 이뤄졌을 뿐 대다수 민통선을 거쳐 남방한계선 철책선에 몇 번 접근한 수준이어서 비무장지대 조사라고 볼 수가 없다.

비무장지대와 민통선을 명확히 구분할 수 있는 것은 남방한계선 철책선 너머가 비무장지대이고 그 이남은 민통선 지역으로 보면 된다. 결코 쉽게 접근할 수 있는 곳이 아니기 때문에 민통선과 같다고 볼 수 없는 것이다.

민통선 철원평야

철원평야는 그 자체가 민통선의 중요성을 인접하고 있는 비무장지대와 비교해 볼 수 있는 하나의 척도다. 철원평야는 산간지역이 많은 강원 휴전선 지역 가운데 유일하게 넓은 평야가 펼쳐지는 곳으로, 첫 방문자들은 우선 그 광활함에 놀라며 '일망무제'라는 감탄사까지 내뱉는다.

"땅은 메마르나 들이 크고 산이 낮아 평탄하고 명랑하며 두 강 안쪽에 위치하였으니 두메 속에 하나의 도회지이다. 들 복판에 물이 깊고 벌레 먹은 듯한 검은 돌이 있는데 매우 이상스럽다." 조선 후기의 인문지리학자 이중환도 그의 『택리지』에서 반쪽의 나라에서 사는 우리들이 느끼는 것과 크게 다르지 않게 철원지역을 소개했다. 그래서 경기도 연천군 신탄리를 지나면서 "이제 정말로 산골로 들어가는구나"하는 느낌은 철원평야가 그 광대함을 드러내는 철원읍 대마리에서 여지없이 깨져 버린다. 또 철원지역을 좀 안다고 자평하는 사람들도 안내자 없이 철원평야에 홀로 들어가 제 길을 찾아나올 수 있어야 정작 그 축에 든다고 할 정도로 외부인들에게는 절대 만만한 공간이 아니다. 그런 면에서 중앙정부나 환경단체도 철원평야 이용문제를 가볍게 보고 접근하다 헤매는 경우가 있다.

강원도내 최대 곡창지역인 철원평야는 절반 이상이 비무장지대 남방한계선부터 민통선 북방지역에 걸쳐 있다. 철원평야가 브랜드 값을 하는 것은 오대쌀뿐만 아니라 추수가 끝난 초가을부터 시베리아에서 찾아오는 겨울철새 도래지로 알려져 있기 때문이다.

민통선 철원평야에는 추수가 끝날 때쯤 재두루미(천연기념물 제203호)가 선발대로 비무장지대 상공에 모습을 드러낸다. 텔레비전나 사진 속에 소개되는 두루미들은 일반 새들과 차이가 없어 보일 수도 있다. 그렇지만 일반 새들이 경비행기에 비교된다면 크기가 120센티미터에 이르는 두루미들은 마치 점보 제트기 같아 지상에서 비상할 때면 날개를 젖는 소리가 들릴 정도이다.

가끔 철새들이 찾는 철원평야를 '비무장지대'로 소개하고 있으나 '비무장지대 인근 철원평야'나 '민통선 철원평야'로 부르는 것이 올바른 표현이다. 사진과 비디오 화면으로 소개되는 철원평야 철새들 자체가 민통선 지역에서 촬영한 것이고, 이 지역 비무장지대의 출입이 이러한 목적으로 허용된 적이 전혀 없기 때문이다.

비슷한 시기에 수천 마리의 쇠기러기떼도 철원평야를 찾지만 미처 추수하지 못한 벼에 피해를 주는 경우가 있어 농부들에게는 곱지 않은 대상이다. 부부단위로 월동하는 두루미와 여럿이 모여 먹이를 찾는 재두루미의 월동영역이 제각기 다를 수밖에 없지만 철원평야는 두 종류의 두루미가 공존하는 특별한 지역이다. 이 가운데 일부 재두루미들은 일본까지 내려가 월동을 하고 봄철에 다시 올라와 이곳에서 월동한 동료들과 함께 번식지인 시베리아 지역으로 돌아간다.

철원평야가 겨울철새들의 보금자리로 자리잡은 것은 현무암을 뚫고 지하에서 솟아오르는 샘물이 얼지 않는 샘통(천연기념물 제245호)이 존재하고 있기 때문이다. 또 추수가 끝나고 논물을 뺀 뒤에도 미꾸라지나 수초와 같은 두루미의 먹이감이 땅이 얼기 전까지 고인 물웅덩이 주변에 널려 있다. 두루미는 곡류를 주로 먹지만 물고기나 수초도 먹이가 된다. 농부

철원평야 농민들이 군부대 사격장에서 사용하던 인민군 타켓을 주워 와 철조망이 쳐진 논 주변에 세워 놓은 허수아비. 2000. 9.

철원평야 강산저수지에서 방탄복으로 중무장한 채 근무하고 있는 장병들 앞으로 기러기들이 비상하고 있다.

들이 이 지역에서 순식간에 매운탕 거리를 잡을 수 있는 것은 마치 모세혈관처럼 철원평야에 물을 대주고 있는 물길이 물고기들의 서식처 역할을 하고 있기 때문이다.

추수를 마친 민통선 철원평야에 벼이삭이 떨어져 있어 비무장지대보다 겨울철새들이 많이 몰리게 된 이유다. 추수가 거의 끝나는 무렵부터 몰려오는 두루미들은 철원평야를 곡간으로 삼아 겨울을 나는데 기계화 영농이 본격적으로 자리잡으면서 줄어들 것이라는 우려와는 반대로 오히려 도움이 된다. 추수가 끝난 뒤 이삭줍기를 하지 않아 두루미들은 오히려 더 넉넉하게 먹이를 찾을 수 있게 되었다. 보통 벼수확을 하고 나면 1퍼센트 정도의 벼이삭이 논에 떨어져 겨울철새들의 먹이가 된다. 그러나 콤바인으로 벼를 수확하고 볏짚을 모으는 '레이크'와 결속기인 '베일러'가 철원평야에 등장하면서 낙곡율은 4-5퍼센트로 높아지고 옛날 같은 이삭줍기 관행도 사라졌다.

철원평야가 두루미들이 주위를 경계하며 대낮에 먹이를 찾는 활동공간이라면 토성처럼 만들어진 남방한계선 장벽 너머 비무장지대는 안전한 잠자리 역할을 한다. 그래서 민통선

비무장지대를 찾아서

철원평야에서는 두루미들이 잠자리를 준비하거나 서 있는 모습을 여간해서 보기 어렵다.

2001년 초겨울, 강산저수지 인근 남방한계선에 있는 필승교회에서는 십자탑에 불을 켜는 행사가 마련됐다. 대북 심리전의 하나로 십자탑에 설치된 수천 개의 전구에 불을 밝히는 이 행사는 조명효과가 드러나는 시기에 스위치를 올려야 하기 때문에 해가 북녘 고암산 너머로 질 때까지 기다려야 했다. 그런데 황갈색의 단조로운 수풀만 우거진 비무장지대에서 거의 움직임이 없는 3개의 흰 점이 들어왔다. 아직 얼지 않은 물웅덩이 옆에서 두루미들이 잠자리를 준비하기 위해 서 있었던 것이다. 철원평야에 두루미가 살고 있다는 정도는 알고 있던 사람들이 눈길을 돌렸지만 논에서 비상하는 모습에 익숙해져 있던 이들에게는 비무장지대의 두루미가 오히려 더 어색했던 것이다. 비무장지대에서 잠자리를 잡는 두루미들을 쉽게 볼 수 있는 것이 아니었는데도 그날 참석했던 사람들은 그 순간을 놓쳤다는 것조차 알지 못하는 듯했다.

철원 민통선 지역에 평야가 없다면 춥고 많은 눈이 내리는 겨울철에는 먹이를 찾기 어려

DMZ에 갇힌 논과 밭. 휴전 이후 민간인들의 발길이 완전히 끊어지면서 초원으로 변해 버린 철원 풍천원 인근 DMZ. 오른쪽으로 물이 고인 지역의 흰 점들은 잠자리를 준비하고 있는 두루미들이다. 2001. 12.

운 DMZ에서만 살아야 할 것이다. 그래서 두루미뿐만 아니라 재두루미, 독수리, 오색딱따구리, 고라니 같은 야생동물이 DMZ보다 오히려 민통선 철원평야에 더 많이 살고 있는 것이다.

2. 교란되는 생태계

1) 배스의 온상, 민통선 토교저수지

자연생태계가 비교적 잘 보전돼 있는 것으로 발표되는 중부전선 지역도 점차 외래종이 밀려오면서 토종 동·식물과 어류의 균형이 깨지고 있다. 이 가운데 전국 대다수 댐과 호수로 퍼진 배스는 아이러니컬하게도 중부전선 최전방 지역인 강원도 철원군 동송읍 민통선내 토교저수지를 그 진원지로 삼고 있다.

1966년 북한이 일제시대를 거쳐 6·25전쟁 이후까지 남쪽으로 물을 내려보내던 봉래호를 차단하면서 철원지역에 가뭄 피해가 극심해지자 정부는 1972년부터 1976까지 거대한 인공저수지인 토교저수지를 축조했다. 총저수량이 1,758만 헥타르인 토교저수지는 1,346헥타르에 물을 댈 수 있는 능력을 갖추고 있다. 2001년 한탄강 바닥이 허옇게 드러나는 극심한 가뭄 속에서도 토교저수지는 철원평야뿐만 아니라 경기도 포천지역까지 물을 공급할 수 있었다. 북한이 봉래호 물길을 폐쇄하면서 비슷한 시기에 만들어진 민통선 강산저수지 등과 비교할 수 없을 정도로 유역면적(2,370ha)이 넓다.

그러나 토교저수지는 우리나라 최초로 배스가 터전을 잡았다. 1973년, 가난에 찌든 나라에서 먹고 입을 것을 걱정하던 박정희 대통령은 국민들에게 고단백질 물고기를 공급할 수 있는 양식 어종으로 배스를 선택하고 국립수산진흥원 청평내수면연구소를 통해 미국 루이지애나 주로부터 수입했다. 청평내수면연구소는 이 550여 마리의 배스를 토교저수지에 방류하고 다음해 성과를 측정하기 위해 포획을 시도했으나 잡히지 않자 포기했다. 또 적과 대치하는 최전방 지역에서 토교저수지에 양식장을 운영하는 것도 작전상 문제가 될 수 있어 철수할 수밖에 없었을 것이다.

1년이 지나면 20센티미터 이상 자라고, 3년이 되면 30-50센티미터로 성장하는 이 배스는 전국에서 춥기로 소문난 철원에서도 그 강한 내한성 때문에 급속하게 퍼지기 시작하고 일부 군부대 관계자들만 손맛을 즐길 수 있을 정도로 풍부해졌다. 소문을 들은 주민들도 몰래 잡기 시작하면서 '물반 고기반'이라는 이야기가 퍼져 나갔는데 운이 없는 사람들은 군부대에 발각되는 경우도 많았다.

살아 있는 먹이만 포식하는 불청객 배스가 토교저수지를 점령하면서 저수지 축조 이전 실개천에 살던 피라미 등의 토종 물고기는 대다수 자취를 감춰 버렸다. 그 결과 배스는 천적이 없는 토교저수지에서 최강자로 군림하게 됐다.

배스의 온상인 토교저수지를 두고 일부에서 풍부한 어족자원이 개발된 생태계의 보고라고 설명하는 것을 보면 어리둥절해질 수밖에 없다. 배스와 더불어 석가탄신일을 맞아 전국 불교신자들에 의해 방생까지 이뤄졌으나 정확한 조사가 이뤄지지 않아 토교저수지 생태계의 실상은 정확히 알 수 없다.

냉전시대가 점차 지나가면서 1990년 중반 이후부터 낚시꾼들이 토교저수지에서 배스 사냥을 하고 싶은 속마음을 기회가 있을 때마다 내비치고 있으나 남방한계선 바로 아래에 있는 최전방 군사지역이어서 허용되지 않고 있다. 주민들도 낚시꾼들이 몰려올 경우 소득을 높이고 지역경제를 발전시킬 수 있을 것으로 보고 토교저수지 낚시 개방을 원하고 있다. 하지만 현재 배 한 척 띄울 수 없는 실정이어서 당분간 '평화통일 기원 및 생태계 보호를 위한 배스 낚시대회' 등과 같은 그럴듯한 이름의 낚시대회는 어려울 것 같다.

엄청난 저수량을 자랑하던 토교저수지도 지난 1996과 1999년 게릴라성 집중호우로 만수위에 도달하면서 붕괴 우려가 제기돼 인근 주민들이 긴급 대피하고 공무원들이 밤샘 근무를 하면서 수위 조절에 나섰다. 이때 배스들이 흙탕물과 함께 철원평야의 물길을 타고

철원 민통선 토교저수지를 비롯해 북한강 등 전국으로 퍼져 나가면서 민물 생태계를 파괴하고 있는 외래어종 배스. 2001. 4.

한탄강으로 유입됐을 가능성이 높다. 그렇다면 이 배스들은 인근 정연리 금강산 가던 철길 아래 한탄강을 거쳐 남방한계선내 여러 겹 쇠창살을 뚫고 비무장지대로 올라가 토종어류 소탕전을 벌이고 있을지도 모를 일이다.

한반도에 상륙한 미국산 배스가 인근 화천, 춘천 등 북한강 수계를 비롯해 사실상 전국을 30년 만에 점령한데 이어 어류 생태계의 최후 보루인 비무장지대까지 퍼지지 않았을까 하는 걱정이 든다.

2) 돼지풀 제거작전

강원도 철원과 경기도 연천 등 휴전선 근처에 주둔하고 있는 전방부대 병영에서는 8월초부터 정규작전과 관계없는 특별작전이 벌어진다. '돼지풀 제거작전'이나 '돼지풀 뽑기 생활화운동'으로 명명된 작전이 바로 그것인데 초소 주변의 시야를 가리는 수준을 벗어나 훈련중인 튼튼한 신체를 자랑하는 군인들에게도 골치아픈 존재로 떠오르기 때문이다.

돼지풀은 최남단 제주도를 비롯해 최북단 강원도 대관령과 동해안, 경기 북부 등 전국으로 확산되면서 전투력까지 위협하게 된 것이다. 이에 따라 군부대들은 수천 명을 동원해 돼지풀의 꽃가루가 날리는 8월부터 매일 아침과 저녁 청소시간, 전장 정리를 이용해 돼지풀을 뽑은 뒤 말려서 죽이는 방법으로 '돼지풀 뽑기 생활화' 운동을 벌이고 있다. "미국이 원산지인 1년생 귀화식물로 꽃가루가 맺힐 때 방치하면 엄청난 번식력을 발휘합니다. 또 밀집된 형태로 자라면서 토종식물들을 질식시킬 수 있어 토종 생태계를 위협합니다. 돼지풀은 현재 자연환경보전법 제2조 제18호 규정에 의해 생태계 위해 외래식물로 지정된 상태입니다. 특히 꽃가루는 작전을 벌이고 있는 장병들에게도 알레르기와 천식을 유발시킬 수 있습니다." 6·25전쟁 당시 전쟁물자에 묻어 오기 시작한 돼지풀에 대해서는 일선 소대장들도 그 기원과 특성에 대해 식물학자 못지않게 설명할 수 있을 정도였다. 그래서 돼지풀 제거작전은 과거 대간첩작전을 방불케 할 정도로 민·관·군 협조차원으로 확대되는 추세다.

이미 서울 중랑천이나 한강시민공원에 퍼지고 파주시와 양주군 등 경기도 지역에서도 돼지풀 서식지가 2000년 695.8제곱킬로미터에서 2001년 1,227제곱킬로미터로 증가하자 지역사회단체에서도 제거활동에 나서고 있다.

어른 키를 넘길 정도로 자라는 돼지풀은 햇빛을 가리면서 토종식물뿐만 아니라 옥수수 같은 농작물의 성장까지 방해하고 시들어 죽게 하면서 농민들에게도 골칫덩어리로 떠오르고 있다. 그러나 철의삼각지 전투가 벌어진 철원 등 휴전선 인근에서는 오래 전부터 돼지풀에 대한 문제점이 제기돼 왔다. 따라서 돼지풀도 막대한 전쟁물자가 동원되고 휴전 직전까지 치열한 공방전이 펼쳐졌던 한반도의 허리에서 싹을 틔워 나갔을 개연성이 매우 높다.

3) 조류들의 위협자 들고양이

도시에서 버려진 고양이들이 시내를 배회하고 야산으로 퍼진 것처럼 휴전선 지역의 고양이들도 비슷한 사정으로 크게 퍼지고 있다.

민통선 지역 고양이들도 자연에서 자리를 잡아가면서 야성을 발휘한다. 가장 피해를 보는 경우는 철새들인데 사주경계가 쉬운 낮보다는 밤에 잠을 자다가 들고양이의 먹이가 되는 것이다. 특히 여름철에 서식하는 철새나 텃새들은 부화과정에서 새끼뿐만 아니라 자신의 취약성이 들고양이에게 노출되는 위험을 감수해야 한다. 겨울철 철원평야를 찾는 각종 오리류 등의 겨울철새들은 잠을 자는 야간이 가장 위험하기 때문에 고양이들의 접근을 막을 수 있는 토교저수지 수면을 보금자리로 잡는다.

들고양이는 철원, 화천, 양구, 인제, 고성, 경기 연천 등 휴전선 지역에서 거의 빼놓지 않고 그 존재를 드러낸다. 이 지역에 들고양이들이 늘어날 수밖에 없었던 것은 사람들이 필요에 의해 반입해 기른 것과 연관 깊다.

굶주린 배를 움켜쥐며 전방지역 농경지를 개간해 겨우 보릿고개를 넘길 수 있었을 때 가장 문제는 허술한 곡간이나 방안에 쌓아 놓은 곡식을 축내는 쥐들이었다. 수복 이후 한동안 전방지역이 쑥대밭으로 방치됐던 상태에서 개간이 이뤄졌기 때문에 전방지역은 한동안 사실상 쥐들의 천국이었다. 한탄강 지역에서 서식하는 들쥐를 통해 한타바이러스라는 세계적인 백신을 찾아낸 것은 연구자의 노력뿐만 아니라 풍부한 들쥐도 좋은 연구대상이 됐을 것이다.

쥐들은 정부가 영세민들을 구호하기 위해 지급한 밀가루 포대도 그 강한 이빨로 구멍을 내놓기가 일쑤였다. 정부가 무상으로 이장과 반장을 통해 쥐약을 배급하고 일제히 놓도록 하는 쥐잡기 운동은 영리해진 쥐들이 이상한 낌새가 나는 쥐약을 피하고 자주 다니던 루트까지 변경하면서 기대만큼 효과를 거두지 못했다. 또 개와 같은 가축들이 쥐약을 먹고 발버둥치거나 아이들이 잘못 집어먹는 사태까지 발생하는 부작용도 일어났다.

주민들은 쥐들이 의심하는 쥐약과 철제 덫으로는 일망타진이 어렵다고 판단해 묘안을 짜기 시작했는데 통방아와 고양이였다. 통방아는 지름이 20센티미터 가량 되는 원기둥 모양의 통나무 밑에 먹이감을 뿌려 놓으면 쥐들이 쐐기를 밟아 떨어지는 통나무에 질식돼 숨지게 한 장치였다. 프랑스혁명 때 전제군주를 처단했던 장치와 구조는 똑같았는데 서슬퍼런 작두 대신 통나무를 매달아 쥐를 잡았다.

하지만 손재주가 없는 주민들은 사람과 가축피해를 내지 않고 쥐를 잡을 수 있는 일종의 생물쥐약인 고양이를 한두 마리씩 얻어다 기르기 시작했다. 문제는 고양이들이 집 안의 쥐들을 잡긴 했지만 들에 흔한 것이 쥐였으니 열심히 잡을 리도 없었다. 쥐퇴치용으로 고양이를 기르던 주민들은 이런 나태한 고양이들을 버리는 경우가 많았다. 때로는 고양이들도 얻어 먹을 것 없는 주인집에서 설움을 받기보다 나이가 들면서 스스로 들로 나가 자리를 잡는 경우도 발생했다. 이때부터 고양이는 전방지역 산과 들에서 일정한 영역을 차지하고 그 안에서 새끼를 낳아 기르며 활동하기 시작했다. 휴전선 지역이 도심보다 인구밀도가 낮은데다 농경지와 들판, 산이 많기 때문에 손을 써 볼 수 없는 것도 들고양이의 개체수가 늘어난 원인이다.

들고양이는 남방한계선을 따라 설치돼 있는 휴전선 군부대 주변에서도 흔하게 발견된다. 군부대들도 현대식 막사가 들어서기 전 엉성한 구조였기 때문에 민가만큼 쥐들이 많아 병영에서 고양이를 기르기도 했다. 게다가 고양이는 공중으로 던져도 유연성을 발휘하며 사뿐하게 땅에 내려앉았으니 시간이 멈춰 버린 듯한 병영에서 병사들의 장난감 역할도 했다. 그러나 작전상 부대가 자주 바뀌고 의무복무 기간이 끝난 병사들이 특명을 받아 고향으로 떠나가면 고양이들도 살길을 찾아나설 수밖에 없었다. 민간인들이 살 수 없는 최전방 고지 주변에서 서식하는 고양이들은 이러한 방식으로 발판을 마련한 것이며, 폭설과 혹한 속에서도 끈질기게 살아오고 있다.

4) 까마귀와 까치

매년 겨울마다 몽골 등에서 월동을 하기 위해 휴전선 인근을 찾는 독수리(천연기념물 243호)들은 곤욕을 치른다. 낯선 땅에 사는 사람과 먹이 부족보다 그곳에서 사는 까마귀와 까치 때문이다.

높은 상공을 배회하던 독수리들이 지상으로 접근하다가 당돌하게 앞길을 막는 까마귀떼에 놀라 버린다. 머리나 꼬리를 쪼아대며 괴롭히는 것은 흔한 수법이며, 어떤 경우는 여러 마리가 합세해 에워싸고 공격을 해댄다.

농경지 주변으로 내려앉더라도 이미 자리를 차지하고 있는 까마귀 틈새를 비집고 들어가는 것을 포기하거나 빈자리로 밀려나야 한다. 배고픔 때문에 함께 먹이를 먹는 경우도 까마귀들은 독수리의 등으로 올라가 노골적으로 공격을 한다. 대개 일정한 먹이와 영역을 놓고 경쟁하는 것이 일반적이지만 독수리와 까마귀의 관계는 너무나 일방적이다. 이처럼 매년 휴전선 인근 민통선 지역에서 독수리들과 까마귀들의 생존을 위한 싸움이 일어나는 것은 전방 지역 까마귀와 독수리 개체수가 급증했기 때문이다.

양구 북방 중동부전선 지역에 서식하는 까마귀들이 철책선에 올라 앉아 봄볕을 즐기고 있다. 2002. 3.

양구군 방산면 중동부전선 최전방 지역 한 군부대 OP주변은 아예 까마귀로 뒤덮여 있다고 해도 과언이 아니다. 봄이면 까마귀들이 휴전선 철책선을 차지해 봄 햇살을 즐기고 음식물 쓰레기를 뒤덮어 버린다. 군부대 주변 숲에서 잠복하고 있던 멧돼지들도 식사시간이 끝나자마자 새끼들을 데리고 몰려 오지만 까마귀떼에 쪼이며 밥을 먹어야 하는 수모를 당한다.

후방지역에서는 정력제로 한때 소문나 잡는 사람이 있었는지는 모르지만 늘 긴장이 흐르고 아무런 사고없이 하루가 지나길 바라는 휴전선에서 장병들이 운수없다는 까마귀들을 건드릴 이유가 없다. 그래서 해발 1천 미터 가까이 되는 고지로 올라가는 도로 주변은 '죽음의 계곡'을 연상케 하는 까마귀들의 울음소리만 요란하다.

대자연의 청소부 독수리. 철원평야를 찾아온 독수리(천연기념물 제243호)들이 먹이로 제공된 닭을 뜯어 먹고 있다. 독수리는 죽은 동물의 사체만 먹어 폭설시 굶주림으로 탈진하는 경우가 많다. 1998. 1.

철원평야에도 450여 마리의 독수리들이 최근 겨울마다 찾아오면서 이곳에서 살아온 까마귀들의 저항을 받고 있다. 이곳은 1998년까지 독수리를 발견하는 것이 그렇게 쉽지 않았으며 20여 마리가 모여 있어도 큰 사건처럼 간주되었다. 이는 휴전선 인근 민통선 지역의 서식환경이 갑자기 좋아졌다는 것이 아니라 그만큼 독수리들의 서식하던 몽골 등의 환경이 악화됐다는 이야기다. 휴전선 인근 민통선 지역이 이러한 독수리들의 월동지로 변모하고 있는 것이며, 비무장지대가 아니라는 점을 눈여겨볼 필요가 있다. 그래서 '비무장지대는 우리나라 독수리들의 최대 월동지'라는 식의 발표와 이를 그대로 받아쓰는 기사는 독수리들이 이 땅을 찾는 이유와 생리를 전혀 모르고 있는 것이라고 볼 수밖에 없다.

독수리들이 비무장지대와 민통선을 사람처럼 엄격하게 구분하지는 못하겠지만 자연스럽게 분별할 수 있는 것은 그들의 먹이인 죽은 동물의 사체가 있을 수 있는 곳이 어딘가를 따져 보면 금세 알 수 있다. 폭설과 맹추위가 기승을 부리는 상황에서 비무장지대는 독수리들의 먹이를 제공하기 어렵다. 그래서 독수리들이 찾는 곳은 어김없이 민통선과 인근 접경지역 축사나 논이다. 축사는 겨울철 얼어 죽은 송아지나 돼지 새끼가 나오는 곳이며, 인근 논은 거름용으로 내다 버린 폐닭이 묻혀 있기 때문이다. 최근 독수리 월동지로 떠오르고 있는 곳은 모두 이러한 것과 관계가 깊은 곳이며 주민들의 먹이주기 활동도 활발하게 전개되고 있다.

3. 환경파수꾼으로서 눈뜨는 주민들

최근 겨울철 휴전선 인근 민통선 지역이 800마리가 넘는 독수리들의 천국으로 탈바꿈하는 것은 비무장지대보다 먹이를 찾기 쉽기 때문이다. 그렇지만 휴전선 지역을 찾는 독수리들이 크게 늘어난 것은 행정기관의 야생동물 보호정책보다 주민들의 자발적인 먹이주기 활동 때문이다.

철원군 동송읍 양지리 민통선 마을은 400여 마리의 독수리들이 몰려와 월동하면서 탐조관광코스로 부상하고 있다. 주민들은 한때 독수리들이 독극물이나 탈진사고로 쓰러지는 사고가 발생하자 "새들이 죽어 가면 언젠가 사람도 피해를 볼 수 있다. 새가 사는 땅이어야 사람이 살 수 있지 않은가"하는 생각으로 먹이주기 활동을 시작했다. 이들은 바보라는 소리까지 들으면서도 철새봉사대라는 단체를 결성하고 얼어 죽은 송아지나 닭들을 모아 독수리 먹이로 제공했다.

철새 먹이주기 활동에 대해 자연에 적응할 수 있는 힘을 떨어뜨린다는 반론도 제기되고 있지만 주민들은 마을을 찾은 철새들이 먹이 부족으로 쓰러지는 사태를 방지하는 게 시급했다. 또 아침마다 비무장지대에서 잠을 자고 나온 두루미나 재두루미들이 모이는 철원평야 아이스크림 고지 주변에 옥수수와 벼를 뿌려 주는 일까지 시작했다.

주민들의 순박한 철새사랑 정신은 논농사에 의존하고 있는 이 민통선 마을의 소득에도 한

군장병들이 철원군 김화읍 유곡
리 민통선 지역에 풀어 준 독수리
들이 날아가기를 기다리고 있다.
2001. 2.

몫을 하고 있다. 농협 매상을 통해 다른 지역에서 생산된 쌀과 비슷한 값을 받던 시절과는 달리 추수가 끝나자마자 직접 주문이 들어오면서 제법 괜찮은 값을 받을 수 있게 되었기 때문이다. 독수리와 두루미가 살 수 있을 정도로 청정한 환경에서 생산된 쌀이라는 소문이 소비자들의 입과 귀를 통해 퍼져 나간 것이다.

뒤늦게 철새 먹이주기에 대해 비판적이었던 이웃들도 보호활동이 필요하다는 점을 느끼고 동참하면서 이 마을에는 '철새마을'이라는 간판까지 등장하게 됐다. 겨울이면 독수리들이 몰려 있는 모습이 넓은 창문으로 들어오는 백종한 씨의 거실에 모여 철새 먹이주기 계획을 세우거나 쌍안경으로 개체수를 살펴보는 모습이 이 마을만의 독특한 전통으로 자리잡고 있다. 양지리 철새마을에는 추수가 끝나면서 탐조객과 관광객들의 문의가 이어지고 관광객들의 발길이 끊이지 않는다. 철새마을을 찾는 방문객이나 각종 언론매체들도 이 집에 들러 겨울철새들에 대한 브리핑을 받고 철원평야로 나가는 것이 관례가 되고 있다.

주민들이 아침잠을 설친다고 푸념할 정도로 토교저수지 물 위에서 깨어난 기러기들이 편대를 지어 철원평야로 출격하는 모습은 굉음과 함께 장관을 이룬다. 이 겨울 철새들은 리더를 중심으로 ㅅ자 형태로 소규모 단위를 형성하는데 이 모습은 잠자리인 토교저수지가 얼어붙기 전까지 이어진다.

철새들이 비상하는 소리를 이해하지 못하는 외지인들에게 주민들은 마치 탱크가 지나가는 굉음과 같다는 말로 설명한다. 아마도 전방지역에서 늘 들을 수 있는 굉음인 탱크소리로 묘사하는 것이 가장 적절한 것으로 판단한 모양인데 실제로 들어봐도 이 표현이 크게 틀리지 않는다.

양구군 방산면 현리 선안골도 독수리들의 새로운 월동지로 자리를 잡고 있다. 이 마을에서는 독수리들이 초겨울에 나타나면 독수리 보호회원들을 중심으로 '독수리 환영회'가 벌어진다. 주민들은 '환영, 대머리 독수리 다시 오다'라는 현수막을 논바닥에 설치한 뒤 돼지 한 마리를 잡아 환영회를 개최한다. 독수리 환영회가 시작되면 회원들이 돼지 내장을 먹이로 뿌려 주는 사이 동네 아낙네들은 농로에 설치한 가마솥에서 국밥을 끓여 마을 잔치분위기를 돋운다.

이 마을 사람들이 독수리와 관계를 맺은 것은 1999년 겨울, 폭설로 먹이를 구하지 못해 마

철원군 동송읍 양지리 민통선 철새마을 주민들이 이른 새벽 철원평야로 옥수수를 뿌려 주고 있
다. 2000. 2.

독수리 환영회. 양구군 방산면 선안골 주민들이 마을을 다시 찾은 독수리들을 환영하기 위한 자리를 마련하고 있다.
2001. 11.

을앞 논바닥에 쓰러져 있던 독수리 한 마리를 정성껏 치료해 되돌려 보내자 다음해 200여 마리의 독수리들이 마을에 출현하면서부터다. 이 일을 계기로 독수리들은 선안골을 매년 찾고 있으며, 주민들은 폭설이 내려도 도축한 뒤 나온 부산물을 수집해 독수리에게 먹이로 주고 있다. 독수리들은 죽은 동물만 먹는 자연의 청소부 역할을 하고 있으며 봄이 오면 모두 서식지인 몽골 등지로 돌아가기 때문에 농작물 피해를 염려할 필요가 없다.

북한에서 내려오는 수입천 물로 농사를 짓는 방산면 주민들은 치료를 받고 돌아간 독수리들이 더 많은 동료들을 데리고 오면서 이 지역 농산물의 청정성을 한껏 높여 주는 방식으로 보답하는 것으로 믿고 있다.

4. 야생조수 피해

민통선 지역이나 접경지역의 생태계는 본격적으로 개발이 추진되는 지역에 비해 비교적 양호한 상태를 유지하고 있어 주민들이 야생조수 피해를 하소연하는 경우가 많다. 양구군은

비무장지대를 찾아서

2002년 전국에서 처음으로 야생조수 피해를 본 농작물에 대한 보상제도를 도입하고 3천만원의 예산을 책정했다. 점차 개체수가 늘어나는 멧돼지와 고라니 등의 피해를 자치단체가 나서 보상해 준다는 취지였다. 첫해 29건의 농작물 피해가 접수됐는데 까치와 까마귀에 의한 피해를 본 4건은 제외됐다. 멧돼지 피해는 올무 사용 문제를 신청해 포획하는데 오랜 시간이 걸리고 구제효과도 떨어져 피해를 막기 힘들지만 까마귀와 까치 피해는 공기총으로 줄일 수 있다는 판단이었다.

피해 보상액은 최소 5만원에서 최대 500만원까지 한정됐다. 25건의 농작물 피해도 5만원 이하의 경미한 피해를 제외하고 최종적으로 14농가에 510만원의 보상금이 지불됐다. 모두 3만3천110제곱미터의 농작물이 야생동물에 의해 피해를 본 것으로 집계됐다. 야생조수 피해는 산골에 위치한 옥수수, 감자, 고구마, 엽채류 등이 대부분이었고, 벼 피해는 상대적으로 적었다.

매년 손바닥만한 산골 논밭을 부치며 야생조수 피해까지 당해야 했던 주민들의 반응은 아주 좋았다. 1년간 실시해 본 야생조수 농작물 피해보상제에 대한 설문조사에서 280명 가운데 96퍼센트가 계속 시행해 달라고 응답했다. 양구군은 2003년에도 보상금 3천만원을 다시 책정하고 3월부터 11월까지 야생조수에 의한 농작물 피해 접수에 들어갔다. 이 제도가 필요한 이유는 최근 야생동물 포획이 엄격하게 통제되면서 고라니와 멧돼지 개체수가 크게 늘어나고 주민들이 농작물 피해를 보는 문제로 비화되기 때문이다.

철원군 김화읍 남대천 상류 민통선 지역은 매년 여름이면 농작물을 해치는 야생조수 때문에 주민들이 밤잠을 설친다. 이들이 우선적으로 취할 수 있는 조치는 고라니와 멧돼지들이 서식하는 산자락에는 옥수수를 절대로 심지 않는 것이다. 애써 가꿔 놓아도 한순간에 쑥대밭으로 변해 씨앗값도 건지지 못하기 때문이다. 차선책으로 콩을 심는데 고라니들이 콩잎을 모두 따먹어 역시 대안이 없다. 광합성 작용을 하는 콩은 잎이 없으면 열매를 맺지 못하는 문제가 발생한다.

이곳 주민들은 밤마다 폐타이어를 주워 모닥불을 피워 야생동물들의 접근을 막아 보려고 하지만 산간 곳곳에 모두 불을 피울 수 있는 형편도 안 되고 새벽까지 지킬 수도 없다. 일부 주민들은 농작물 주변에 라디오를 켜 놓지만 사람이 없다는 점을 야생동물들이 금세 간파해

야생동물 포획이 금지되면서 휴전선 지역의 고라니와 멧돼지의 개체수가 급증해 피해를 주자 농민들이 농경지 주변에
비닐조각 등을 걸어 놓고 있다. 2001. 8.

효과가 없다. 올무와 덫을 설치하기 위해서는 피해사례를 토대로 행정기관의 허가를 받아야
하지만 이 과정을 거치다 보면 농작물은 야생동물에 의해 초토화되기 십상이다.

전방지역은 멧돼지 등 초식동물의 개체수가 급격히 증가하면서 농작물에 큰 피해를 주는
형국으로 변해 가고 있다. 정부가 야생동물을 보호하기 위해 포획을 엄격하게 제한하기 때
문인데 개체수가 늘어날 경우 생태계 균형을 오히려 깨뜨릴 수 있다. 또 가뭄으로 야생동물
들의 먹거리가 줄어들수록 농작물을 건드리는 현상도 심해지고 있다. 야생조수로 인한 피해
보상을 골자로 한 야생동물보호법은 국회에 상정됐으나 채택되지 못했다.

휴전선 지역의 야생동물들은 포획을 금지하거나 주민들이 일방적으로 그 피해를 감수해
야 하는 수준을 뛰어넘어야 실제적으로 보호를 받을 수 있을 것이다.

6. 민통선 지역 현안

1. 북상하는 민통선

남방한계선을 따라 자리잡은 휴전선이 북한에 대응하기 위한 군사적인 측면에서 북상됐다면 민간인 출입통제선(민통선)은 각종 불편을 겪어 온 주민들의 요구로 점차 해제되기 시작했다. 그러나 DMZ 부산물로 만들어진 민통선은 반세기가 지난 현재도 전방지역에서 외지인들의 출입을 철저히 통제하는 기능과 주민들에게 불편을 주는 문제를 안고 있다.

철원의 경우 1989년부터 민통선 지역이 점차 조정되면서 1992년에는 철원읍 동막리, 월하리, 관전리 등 민통선 지역 3개 마을 1,210만 평이 3-5킬로미터 가량 북상했다. 이로 인해 국보 제63호인 철제 비로자나불조상과 보물 제233호인 삼층석탑이 있는 도피안사에도 방문객의 발길이 자유롭게 미칠 수 있게 됐다.

이어 철원읍 대마리도 북한노동당 옛 철원군 당사 건물 인근의 5초소를 톨게이트 방식으로 바꾸면서 민통선에서 해제됐다. 톨게이트 방식이 도입되면서 초소로 뛰어가 신분증과 함께 출입 목적, 행선지를 밝힌 뒤 차량 트렁크 수색을 받기 위해 대기하던 접촉식 검문 시절의 모습이 일단 사라졌다. 초병들이 교통장애물 옆에 주렁주렁 걸어 놓던 출입증도 톨게이트식 방식에 필요한 바코드 신분증으로 교체됐다.

하지만 휴전선 바로 아래에 자리잡은 철원군 김화읍 유곡리와 생창리, 갈말읍 정연리와 이길리, 근남면 마현 1, 2리 등은 민통선 체계가 그대로 유지되고 있다. 이 가운데 6·25전쟁

중부전선 민통선 상공을 날고 있
는 군부대 헬기가 남방한계선에
가까워지자 지도와 지형물을 대
조해 가며 위치 확인작업을 벌
이고 있다. 2000. 8.

이전까지 김화군 군청 소재지 역할을 하던 생창리는 철원군으로 편입돼 읍(邑)으로 전락하고 민통선에 갇히는 신세가 됐다.

생창리도 정전협정 이후 전방지역 작전통제권을 갖고 있었던 미8군에 의해 귀농선으로 설정돼 오랫동안 민간인들이 접근할 수 없는 곳이었다. 그러나 1969년부터 전방지역의 황무지를 개척하고 전방지역 경계를 강화하기 위해 정부가 103가구를 선발해 입주시키면서 개척사의 서막이 올랐다.

입주자들은 비슷한 시기에 조성됐던 다른 민통선 재건촌이나 통일촌처럼 반공사상이 철두철미한 사람 가운데 선발됐으며, 농사를 지으면서도 유사시에는 총을 들 수 있도록 훈련을 받았다. 당시 비상상황과 함께 집에서 뛰어나온 주민들에게 총을 지급하던 무기고는 남북교류가 이뤄지면서 마을노인회 부식창고로 활용되고 있다.

입주민 1세대로 불리는 초창기 마을 주민들은 2가구가 함께 살 수 있는 토담집 한 채를 제공받고 삽과 곡괭이, 도끼로 버드나무를 잘라내며 황무지를 한 평씩 개간해 나갔다. 이 지역은 당시 전쟁 직후 방치됐던 폭발물이 곳곳에 남아 있어 목숨을 잃거나 다치는 희생자가 많았다. 지금도 마을 주변에는 황무지를 개간하던 중 대전차 지뢰를 밟아 파괴된 트랙터가 '국제 25마력 트랙터'란 선명한 상표와 함께 녹슬어 가고 있다.

대전차 지뢰를 밟아 폭발한 트랙터. 철원군 김화읍 생창리 민통선 지역에서 농경지를 개간하던 중 대전차 지뢰를 밟아 폭발한 트랙터가 지뢰매설 지역에 방치돼 있다. 2001. 11.

철원 민통선 초소. 톨게이트 방식으로 바뀐 철원 민통선 초소에 가뭄 해결을 위한 야간잔류를 허용한다는 안내문이 붙어 있다. 농민들은 일몰 이후부터 일출 때까지 민통선에 머무를 수 없도록 엄격히 통제를 받고 있다. 2001. 5.

이 마을도 매년 5월이면 마을과 붙어 있는 지뢰밭에서 아카시아꽃이 싱그럽게 피어난다. 아카시아 나무 아래로는 짙은 노란색을 자랑하는 애기똥풀이 여기저기서 고개를 내밀고 봄철마다 주민들의 목숨을 유혹하는 두릅과 같은 산나물이 주변 지뢰밭에 지천으로 널려 있다.

남북한 교류가 추진되면서 휴전선 바로 아래서 생활하는 이 지역 주민들도 바깥 지역과 인적, 물적 교류를 하기 위해 마을 입구에 자리잡은 초소를 북상시켜 줄 것을 줄기차게 요구하고 있다. 외지에서 마을로 잠시 들어와 살던 사람들도 엄격한 출입 절차에 지쳐 다시 되돌아가고 농기계나 수해복구를 위한 장비도 사전에 통보한 사항과 다를 때면 낭패를 보는 일이 아직도 발생하고 있기 때문이다.

이처럼 까다로운 출입 절차에 대해 나이든 입주민들은 어쩔 수 없는 숙명으로 받아들이는 경향이지만 입주 2세대 젊은이들에게는 도심을 찾아 떠나는 이농현상의 원인이 되고 있다.

군부대도 민통선 초소는 외지인들의 출입을 통제할 수 있는 최후의 마지노선이기 때문에 고민이 많다. 겨울철마다 탱크가 논둑을 망가뜨려도 주민들이 말없이 삽으로 고치던 시절과는 달리 이제는 민원을 최소화하며 작전임무를 수행해야 하기 때문에 고충을 겪고 있다.

이제 휴전선 지역에서도 군초소를 통해 출입하는 민통선 마을은 손에 꼽을 정도로 줄어들었으나 전방지역 군사시설을 보호하기 위해 만들어진 민통선이 언제 그 생명을 마감할지 현재로서 알 수 없다. 다만 남북한의 긴장관계가 점차 줄어들수록 그 가능성이 조금씩 높아지고 있다는 사실에 주민들은 큰 기대를 걸고 있다.

2. 대통령들도 맛본 민통선 고통

엄격한 민통선 출입 절차는 사회적으로 일정한 위치에 있는 사람들에게도 쉽게 넘을 수 없

민통선에서 해제된 철원 대마리. 6·25전쟁 이후 민통선 지역에 묶여 있다 최근에 해제된 철원군 철원읍 대마리에서 한 농민이 백마고지를 배경으로 벼를 말리고 있다. 2001. 11.

는 한계선으로 작용했다. 인제 지역에서 국회의원 보궐선거에 출마했던 김대중 대통령의 경우 선거유세를 위해 인근 양구 해안면을 찾아가다 서화면 서화리 민통선 초소에서 막혀 발길을 돌려야 했다. 12사단 52연대 입구에 당시 그 민통선 초소가 서 있었는데 야당 후보로 출마한 김대통령이 선거 유세 차량을 끌고 들어가려 했으나 출입증명서를 만들어 오라는 초병의 요구로 표밭을 지나쳐야 했다. 해안면 주민들은 이런 사정도 모르고 김후보를 맞기 위해 돼지를 잡고 막걸리까지 받아 놓았다고 한다.

노태우 대통령은 소위로 임관하자마자 양구군 해안면 만대리 산기슭에 자리잡은 목조 벙커에서 군복무를 시작했기 때문에 누구보다 일찍 민통선 지역의 불편을 체감할 수 있었을 것이다. 이를 반증하듯 민통선 출입 절차는 북방정책을 실시한 노태우 대통령 때부터 서서

설화사고 충혼비. 6·25전쟁 직후 박정희 전 대통령이 사단장으로 근무하던 당시 폭설로 천막이 붕괴되면서 장병 59명이 한꺼번에 숨진 설화사고를 기리기 위한 인제군 서화면 충혼비. 2003. 3.

히 완화되기 시작했다. 매년 교체해야 했던 민통선 출입증도 이때부터 폐지됐다.

제16대 노무현 대통령도 인제에서 사병으로 복무했기 때문에 민통선 주민들의 열악한 생활환경을 지켜보았을 것이다. 그래서인지 주민들도 북한핵 위기 속에서 치러진 선거에서 노무현 대통령에게 압도적인 지지를 보냈다.

대통령 출신 가운데 이 지역에서 처음으로 근무한 사람은 박정희 대통령이었는데 그는 1954년 1월 인제군 서화면 1,200미터 고지 등을 맡고 있던 사단장이었다. 당시 박대통령은 전쟁이 막 끝난 휴전선에서 장병 59명이 2미터 가량 쌓인 눈에 깔려 숨지는 설화(雪禍) 사고를 겪었고, 1956년 5월 그 젊은이들의 명복을 빌기 위해 서화면에 순직장병 충혼비를 세웠다. 지금은 대다수가 이 충혼비의 존재를 거의 모르고 지나가지만 그래도 비바람에 말라 버린 국화가 뒹굴고 있는 것을 보면 누군가 기억하고 있는 사람이 있는 것이다.

지방자치제가 도입된 민선시대를 맞은 강원지사도 철원군 동송읍 양지리 민통선 최전방 마을을 찾아 민박하며 도민들의 뜻을 파악하려다 초병의 제지로 발길을 돌려야 했다. 아직도 민통선은 중위 계급장을 달고 있는 초소장 앞에서 주민들의 표로 선출된 도백의 말이 통하지 않는다는 사실이 민통선의 성격과 불편함을 단적으로 보여주는 사례다.

3. 목숨 걸고 개간한 땅 팔아 버린 국방부

2001년 11월 6일, 비무장지대 너머 북한 오성산과 지척거리에 있는 강원도 철원군 김화읍 생창리 민통선 최전방 주민들은 낙심한 표정으로 삼삼오오 모여들었다. 국방부가 이 지역 주민들이 목숨 걸고 개간한 농경지를 공개매각 방식으로 외지인 한 명에게 모두 넘겨 버린 사연을 하소연하기 위해서였다.

국방부 산하 3군사령부는 11월 1일 경기도 용인시 김량장동 선봉회관 3층 회의실에서 공개 경쟁입찰을 통해 철원군 서면 자등리와 와수리, 김화읍 읍내리, 근북면 유곡리 등 16개 지역의 임야와 농경지 28필지 5만여 제곱미터를 매각했다.

같은 날 경기도 서부전선 국방부 농경지 3만여 평도 대다수 외지인들에게 넘어가 지난 1970년을 전후로 지뢰밭을 개간해 농토로 만들었던 연천군 왕징면 작동리 농민들도 전혀 농경지를 낙찰받지 못했다. 군사적 목적으로 휴전선 지역 농경지를 징발했던 국방부가 군부대

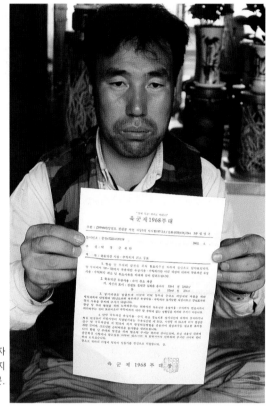

국방부 토지경작 금지 파문. 군부대 숙소의 개선 자금을 마련하기 위해 영농철 철원군 김화읍 민통선 지역 주민들에게 경작 금지를 통보한 군부대의 공문. 2002. 4.

숙소 개선사업 비용을 마련하기 위해 일반인에게 공개 매각해 버렸기 때문이다. 농민들이 분노한 것은 매각된 농경지는 6·25전쟁으로 황폐해진 최전방 지역의 개발과 안보 목적에서 정부가 입주를 권장해 개척한 농경지이기 때문이다.

또 후방 지역과 달리 개간 과정에서 많은 사람이 지뢰 등 폭발물 사고로 숨지는 사고를 겪으면서 만든 문전옥답이어서 분신과도 같은 존재였다. 재건촌에 입주하던 날 태어난 30대 남자는 '재건'이라는 이름을 얻어 이 마을에서 살고 있을 정도다. 농민들은 외지인이 농사보다는 투기 목적으로 목숨 걸고 개간한 농경지를 매입했기 때문에 한 평의 땅이라도 가지고 싶어했던 꿈이 깨졌다고 입을 모았다.

황무지를 개간해 32년째 농사짓고 있는 김순옥(63) 씨는 휴전선 옆 자신의 논으로 안내했

휴전선 지역은 대부분 군사시설 보호구역으로 묶여 지역발전을 저해하고 있다. 건축법상 문제가 없어도 인근 군부대에서 동의하지 않으면 집이나 창고를 절대 지을 수 없다. 2001. 1.

다. 버드나무들이 우거져 있던 이곳에 31살에 들어와 야전삽으로 나무뿌리를 캐내며 개간한 땅이었으니 평생의 절반을 이곳에 쏟아부은 셈이다.

김씨는 휴전선에서 불과 300미터 거리에 있는 이 논의 공매 예정가가 2천130만원이라는 사실을 알고 1천만원을 더 보태 3천300만원에 응찰했으나 토지 브로커로 보이는 외지인이 4천300만원을 써 버리는 바람에 땅을 빼앗기게 됐다. 비탈에 자리잡은 이 땅은 초병이 삼엄한 경계근무를 서는 휴전선 바로 옆에 있어 다른 목적으로 사용하기 힘든 곳이었다. 논바닥에서는 샘물이 나와 트랙터까지 빠지기 일쑤여서 투기꾼이 아닌 이상 농사지을 사람이라면 굳이 이처럼 열악한 조건의 땅을 구입할 리가 없었다.

하지만 남북화해 분위기로 옆동네인 김화읍 유곡리의 옛 금강산 전철이 복원될 가능성이 높아졌고, 통일에 대비해 4차선 규모의 5번 국도가 이 지역으로 건설되고 있었기 때문에 토지 브로커들의 관심은 높은 곳이었다.

10년 전 사격장이 없어진 곳에 논 2천276제곱미터를 개간해 농사짓고 있는 같은 마을 이장호(62) 씨도 갑자기 공매가 실시된다는 말을 듣고 당장 돈을 마련할 수 있는 범위에서 낙찰가를 써냈다 떨어졌다. 주민들이 공개매각에서 모두 떨어진 것은 평생 농사만 지어 공개 경쟁입찰이라는 것이 무엇인지조차 모르고 있었고, 하루 전에 갑자기 전화 연락을 받고 나왔기 때문이다.

이에 대해 3군사령부 담당자는 "경제지와 중앙지 각각 한 곳씩 공고했다"면서 "공개 경쟁입찰은 모든 사람들에게 공평한 기회를 주기 위한 것이기 때문에 설사 부수적인 문제가 발생해도 상관할 바가 아니다"는 입장이었다. 그러나 전방 지역에는 공매 공고가 난 신문이 한 부도 들어오지 않았으니 공매 당일에도 자신의 땅이 매각되는지조차 모르는 경우도 있었다.

주민들은 국방부가 소유하고 있는 국유재산을 매각할 수밖에 없는 처지라면 황무지를 개간해 30년 이상 농사를 지어온 실제 경작자들이 우선 매입할 수 있도록 수의매각이나 제한 경쟁입찰을 실시해야 했다고 항의했다.

국방부가 토지 브로커로 보이는 외지 여자 한 명에게 모두 넘긴 공매토지는 낙찰가격보다 2배 높은 값에 다시 농민들에게 되팔려고 시도하면서 농지값이 폭등하는 부작용으로 이어졌다. 낙찰인은 대리인을 통해 낙찰가격의 2배를 제시했으나 당장 7천-9천만원에 해당되는 목돈을 마련할 형편이 되지 않은데다 설령 빚을 얻어 매입하더라도 쌀값 폭락으로 죽을 때까지 원금과 이자를 갚을 수 없었다.

개간한 황무지의 소유권을 인정해 주겠다는 정부의 말만 믿고 입주해 농경지를 개척한 주민들은 농경지를 징발당한 뒤에도 다시 찾을 수 있을 것이라고 기대했던 꿈을 끝내 버려야 했다.

국방부는 김화읍 민통선 최전방 지역의 토지를 공개매각 방식으로 처분한데 이어 인근 동송읍 철원평야의 농경지도 2차로 매각을 추진했다. 20년 이상 방치해 놓은 4천 평의 황무지를 맨손으로 개간해 3년째 농사짓고 있던 철원군 동송읍 양지리 이종찬(67) 씨는 논에 나갔다가 깜짝 놀라고 말았다. 군인들이 자신의 토지를 측량하고 있어 물어보았더니 "공매하기 위해 측량하고 있는 것"이라는 말을 들었고, 이날 이웃집의 논 4천 평도 마찬가지로 군부대 관재과에서 측량하고 있었다.

농경지 공매 부작용이 제기되고 주민 반발이 거세지자 3군사령부는 이해 12월 13일 갈말읍 동막리와 김화읍 유곡리 지역의 10필지 1만3천46제곱미터의 공매를 연기했다. 또 1군사령부도 목돈을 마련할 수 있는 기간을 준다는 명분에서 철원군 근남면 마현리 일대 28필지 2만6천400제곱미터의 공매계획을 다음해 수확기 이후로 연기했다. 주민들은 "군부대가 공매를 잠시 연기했지만 쌀값 폭락과 빚 독촉에 시달리는 농민들이 목돈을 마련할 길이 없고, 공매에서 낙찰받을 가능성은 더욱 희박하다"는 회의적인 반응이었다.

농민들이 개간한 농경지를 앞으로 처분할 경우 수의매각 방식이나 제한경쟁 입찰방식으로 매입할 수 있도록 해달라고 청와대 등 6개 부처에 제기한 민원은 재정경제부와 국방부로 귀결됐으나 서로 떠넘기기만 했다.

가까스로 토지 공매가 잠시 연기된 2002년 4월 농민들이 크게 꺾여 버린 영농의욕을 추스리며 영농 준비를 하고 있을 때 경작을 금지하라는 공문이 날아들었다. 이 공문에는 "농사짓고 있는 농경지가 군숙소 세입재원 마련을 위한 매각 계획에 포함돼 있는 만큼 국유재산 유상 사용 및 수익 허가가 불가능하다"며 "금년부터 경작을 금지하라"고 적혀 있었다.

여기에다 만약 통보 뒤에도 경작하거나 형질 변경 등의 위반사항이 적발될 경우 변상금을 물리고 원상복구하도록 지시할 예정이며, 그에 따른 손해배상은 해줄 수 없다고 못박았다.

농민들이 "경작 금지 공문을 받고 나서 일손이 잡히지 않는다. 농사를 짓기 위해 갈아 놓거나 못자리까지 설치했는데 어떻게 하라는 것이냐"며 반발하자 해당 군부대는 뒤늦게 잘못을 시인하고 공문을 취소하기로 했다. 임대계약 규정에는 농민들이 임대 농경지에 작물을 심을 경우 추수가 끝난 뒤에나 토지 매각을 할 수 있도록 명시돼 있었는 데도 공병대 담당자가 토지 매각시 이를 구입하는 사람과 농작물 보상문제가 발생할 수 있다고 잘못 판단해 공문을 보냈던 것이었다.

2002년 여름, 주민들의 수의매각 요구를 군부대측이 수용하고 나머지 농경지는 철원지역 주민들에 한해 입찰에 참여할 수 있는 제한경쟁 입찰방식으로 처분하기로 약속하면서 타결 조짐을 보였다. 그러나 이해 12월 군부대가 매각을 추진했던 민통선 농경지 가운데 50퍼센트 가량이 현재 농사를 짓고 있는 주민들이 구입할 수 없는 토지로 판명됐다. 지난 1977년을 전후로 국방부가 민통선내 농경지를 징발하면서 현금이 부족하자 증권을 발행해 농경지를

철원군 김화읍 유곡리 민통선 초소에 영농철 주민들이 조심해야 하는 대인지뢰와 대전차지뢰가 전시돼 있다.2001. 4.

철원평야 개간과정에서 캐 놓은 대전차 지뢰 사이로 새싹들이 돋아나고 있다. 2000. 4.

매입했는데 15년이 경과하면 다시 원소유주에게 매각하기로 약속했기 때문이다.

증권으로 매입한 농경지는 원소유주가 나타나지 않을 경우에나 실제 경작하고 있는 농민들이 매입할 수 있는 기회가 주어질 수 있다. 이 경우도 농경지를 매입하는 원소유주들이 사실상 농사를 짓지 않을 것으로 예상되기 때문에 투기 대상으로 전락할 우려가 높았다.

2003년에도 군부대측은 여론 때문에 농경지 매각을 서두르지는 못했지만 농민들에게는 이미 빼앗긴 들녘과 마찬가지였다. 땅 한 평이라도 갖기 위해 폭발물이 널려 있던 황무지를 맨손으로 개척했던 농민들은 다시 빈손으로 돌아갈 처지였다.

4. 펀치볼 개척 농민들의 비애

휴전선 지역 토지 문제는 국방부 소속 국유재산뿐만 아니라 개척 농지가 재정경제부로 환수된 중동부전선 양구군 해안면 펀치볼에서도 제기됐다. 펀치볼은 1개 면 자체가 정전 이후 민통선에 갇혀 있었기 때문에 민통선 개척과정의 애환이 그대로 서려 있는 곳이다. 또 개간 과정에서 폭발물로 인해 수많은 민간인들이 피해를 겪었던 곳이어서 대인지뢰의 심각성이 부각되는 요즘 피해현장을 살펴보려는 발길이 끊이지 않고 있다.

6·25전쟁으로 펀치볼(punch bowl)이라는 이름으로 더 유명해진 남북 11.95킬로미터, 동서 6.6킬로미터 규모의 분지인 양구군 해안면은 휴전선 지역 개척사를 살펴볼 수 있는 대표적인 곳이다.

전쟁으로 국민들의 생활이 궁핍해지고 농민들은 땅이 없어 굶주리는 상황이 벌어지자 국방부 등 4개 부처는 귀농선 북방지역에 입주정책을 추진했다. 전방지역에 들어가 농사짓기를 희망해 전국에서 신청한 사람들은 관할부대와 경찰이 엄격하게 심사해 선발했다. 무엇보다 과거 인공치하에 있던 특수지역이었기 때문에 사상이 건전해야 했으며, 유사시 호미 대신 무기를 들어야 했기 때문에 노인들은 제외시켰다.

이에 따라 1956년 4월 6사단 장병들이 160세대를 군부대 트럭으로 신고와 허허벌판에 내려놓게 됐다. 첫해에 미군들이 전쟁중 버렸던 수저와 군용그릇을 식기를 사용하며 황무지에 벼를 심었으나 도저히 수확할 수 없을 정도로 흉작이었다.

3년째 되던 해 주민들이 더 이상 살기 힘들다며 모두 고향으로 되돌아갈 태세를 보이자 인근 군부대에서 보리와 쌀을 섞은 양곡을 한 트럭 실어다 주었다. 부대장은 고향에서 먹고 살 것이 없어 전방지역까지 올라왔는데 참고 1년만 농사를 더 지어 보라고 권유했다. 점차 화전 농사를 통해 고구마와 감자, 콩 등 밭작물은 수확량이 높아져 초가지붕을 양철로 개량할 수 있을 정도의 기반이 됐다.

정부는 1968년 김신조 침투사건을 계기로 전방지역의 정규 병력으로는 방어가 힘들다고 판단해 휴전선 마을을 요새화하고 정예화하기로 했다. 이와 함께 자기 마을은 스스로 지켜야 한다는 전략적 목적에서 재건촌을 조성해 1970년 100가구를 더 선발해 입주시켰다.

입주민들에게는 북한에서 내려다볼 수 있는 적 가시지역인 만큼 문화주택이나 재건주택으로 불리는 집 1채와 농지 5천 평을 제공했다. 1번부터 100번까지 제비뽑기를 실시해 배정했는데 뽑힌 번호에 해당하는 집과 땅이 배당됐다. 정부는 100가구를 입주시키면서 해안면 만대리 일대 황무지를 불도저로 밀어 5천 평씩 100개의 구획을 만들어 놓았던 것이다. 하지

6.25전쟁 이후 양구 펀치볼 개척민들에게 군인들이 통나무를 베어 지어 준 주택. 2003. 3.

펀치볼 메밀꽃밭과 가칠봉. 전쟁이 끝난 뒤 주민들이 목숨을 잃어가면서 개척한 양구 펀치볼 농경지에 피어난 메밀꽃밭
과 상처투성이 가칠봉 주변이 대조를 이루고 있다. 1998. 7.

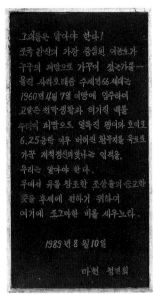

강원도 철원군 근남면 마현리 민통선
지역 마을입구에 설치돼 있는 개척비.

만 입주 희망자들이 사전답사 과정에서 지나치게 통제를 받는다는 사실을 깨닫고 30가구나 포기할 정도로 열악한 환경이었다.

입주계획에 차질이 생기자 인근 주민 30가구를 데려와 겨우 100가구를 채웠는데 입주식 날에도 4가구가 포기할 정도로 정착할 엄두가 나지 않은 곳이었다. 5천 평씩 나누어 준 토지도 야산 구릉지대를 밀었기 때문에 일반 작물은 재배할 수 없어 척박한 땅에서도 자라는 콩을 심으면서 대두단지로 불리게 됐다. 오늘날 펀치볼로 넘어가는 돌산령에서 오른쪽 산기슭으로 마치 스키장 부지처럼 펼쳐져 있는 곳이 바로 재건촌 주민들이 제공받았던 대두단지다. 그러나 몇 년 동안 콩을 심었지만 봄에 콩 한 통을 심으면 가을에 씨앗까지 사라지는 형편없는 땅이었다. 급기야 입주민들이 농사를 포기하고 고향으로 내려가겠다며 집단행동에 나서자 입주정책을 추진했던 공무원들이 문책을 당할까 걱정해 막걸리를 사주며 만류하고 나섰다.

펀치볼 만대리 지역은 1972년부터 전략촌 단장사업까지 실시됐다. 오늘날 '불란서 바콩식' 주택으로 불리는 대북 선전용 주택 50채를 긴급하게 다시 지은 것도 이때였다. 주민들은 2년 전에 지어 준 문화주택도 괜찮다며 입주를 거부했으나 "하루밤만 자 보고 판단하라"는 감언이설에 속아 곤히 잠든 사이 군인들이 문화주택을 모두 철거해 버리면서 그대로 바콩식 주택을 떠맡을 수밖에 없었다. 주민들조차 정확한 주택 명칭을 알지 못하는 이 집은 전원풍을 내기 위한 박공이 슬라브 위에 추가된 점으로 보아 그 당시 '박공'이 '바콩'으로 잘못 전해진 것으로 보인다. 그러나 4월초까지 눈이 녹지 않은 이 추운 지역에 지은 집들이 대북 선전용이어서 모두 북쪽을 바라보도록 건축됐다. 일반적으로 추운 지역에서는 남쪽으로 집 방향을 잡는데 분단체제는 국적 불명의 건축양식을 생산해 내고 집 방향조차 엉뚱한 곳으로 틀어 버렸던 것이다.

그러나 입주민들이 무엇보다 고통을 겪은 것은 출입문제였다. 해가 지면 다음날 일출 때

펀치볼 개척비문. 6·25전쟁 이후 펀치볼
황무지에서 시작된 개척사를 적어 놓은 비
문. 2003. 3.

까지 아무리 급한 일이 있어도 민통선 밖으로 외출할 수 없었다. 마을내에서도 통행금지 조
치가 실시됐는데 불빛이 새어나가지 않도록 창문에 담요와 이불을 뒤집어씌우는 등화관제
조치를 취해야 했다. 마을 주변 군부대 초소에서는 밤마다 불빛이 새어나오는지 감시했고,
주민들이 통행금지와 등화관제 조치를 철저히 이행하는지 살펴보기 위해 밤마다 수색중대
군인들이 순찰을 돌았다.

간혹 이웃집을 다녀오다 순찰중인 군인들에게 발각되면 붙잡혀 문책을 당하고 기합을 받
았다. 이유는 38선 이북 주민들은 북한 공산당과 관련됐을 소지가 있고, 6·25전쟁 이전까지
공산당 치하에서 살아왔기 때문에 사상이 건전하지 못하다는 것이었다. 군인들이 불빛에 민
감했던 것은 주민들이 밤에 불빛을 통해 북한 간첩과 신호를 주고받을 수 있다는 이유였다.

가령 등화관제를 하더라도 며느리가 아기를 출산할 경우 불을 피워야 하고 미역국을 끓여
주기 위해 부엌을 자주 드나들 수밖에 없는데도 수색중대에 끌려가 "간첩과 무슨 연락을
주고 받았느냐"는 문책을 당해야 했다. 밤새도록 정황을 설명해도 "불빛이 새어나가 좌표
가 발각되는 것과 산모가 죽는 것 가운데 어느 것이 더 중요합니까"라는 호통과 함께 기합
을 주었다. 추운 겨울에 1킬로미터나 되는 마을 비포장도로를 따라 드럼통을 굴리고 내려갔
다 올라오는 것이었으니 그 고통은 말할 수가 없었다.

무더운 여름에는 드럼통 굴리기가 기합으로 신통치 않자 군부대 재래식 변소청소를 시켰

다. 5갈론 통 여러 개에 똥물을 채워 군부대 주변 야산에 호박, 오이에 거름을 주는 기합이었다. 지금은 모든 부식이 제대로 공급돼 군부대에서 농작물을 재배하지 않지만 당시만 해도 부식이 변변치 않아 오늘날의 북한처럼 막사 주변에 채소를 재배해야 했다.

이처럼 어려운 형편에서 개간한 땅은 1997년 정부가 '주인 없는 땅'을 정리한다는 이른바 무주 부동산정리 사업을 위해 '귀농선 북방지역에 관한 임시조치법'이라는 특별법을 제정하고 개척민들이 일궈 놓은 2천768필지 6천254제곱미터를 재정제경부로, 517필지 962제곱미터를 농림부로 귀속시키는 국유화를 단행하면서 문제가 발생했다.

정부는 안보정신이 투철한 사람들을 직접 선발해 입주시켰으나 이를 입증할 수 있는 자료가 행정기관에 남아 있지 않아 농민들의 개간활동을 불법행위로 간주해 국유화시켜 버렸다. 개척민들을 입주시킨 부서들은 당시의 서류가 남아 있지 않거나 그때 이뤄졌던 일들을 알 수 없다며 발뺌을 해버렸다. 특별법을 통해 사실상 개척 농지를 빼앗는 방식으로 환수하면서도 개간비에 대한 보상조치는 전혀 이뤄지지 않았고, 개척민들은 정부에 임대료를 내고 농사를 지어야 하는 형편으로 전락했다. 고령으로 농사를 지을 수 없는 개척민들이 임대받은 토지를 다른 사람들에게 빌려 주는 방식으로 생계를 꾸려 가려고 했으나 임대 규정에 전대행위는 원칙적으로 금지돼 있었다.

펀치볼은 3대에 걸쳐 지뢰사고를 당한 주민이 발생하는 등 농지를 개간하기 위한 폭발물 사고로 입주민 60여 명이 숨지거나 다친 곳이다. 개척 농지 국유화 조치로 매년 5년씩 임대 계약을 맺고 농사를 지어 온 주민들은 2001년부터 개척비용에 대한 정당한 대가를 요구하기에 이르렀다. 이어 재임대 계약을 맺어야 하는 2003년에는 임대계약 거부 투쟁을 벌이면서 당시 정부의 전략촌 사업을 강원지사가 맡아 시행한 만큼 국유화한 농경지에 대한 불하를 요구하고 이것이 불가능할 경우 개간비를 보상해 줄 것을 요구하고 나섰다.

고령화한 개척민들이 이와 같은 투쟁에 나선 것은 황무지를 개간한 노력을 전혀 인정받지 못한데다 농지 소유권이 정부로 넘어가면서 가구당 평균 1억 원 가량의 빚까지 안고 있었기 때문이다. 개척민들은 개간비라도 보상받아 자식들에게 빚을 대물림하지 않고 편안하게 세상을 뜰 수 있기를 고대하고 있다.

남방한계선에 출몰하던 무장간첩들과 밤에 불빛으로 교신할 수 있다는 우려 때문에 등화관제가 실시됐던 양구 펀치볼 지역 야경. 2000. 12.

5. 관광지 개발로 망가지는 민통선 지역

"딱, 딱딱딱, 부릉"

지난 2001년 겨울부터 2003년 초봄 사이 두루미(천연기념물 제202호)들의 국내 최대 월동지인 철원평야 민통선 지역에서는 낯선 소리가 최전방의 적막을 깨뜨렸다.

멀리서 들으면 마치 딱따구리가 나무를 쪼아대는 것처럼 들리지만 가까이 갈수록 "뚜르르, 뚜르르"하는 두루미의 울음과는 분명하게 달랐다. 혼돈스러운 이 소리의 정체는 철원평야에서 유일하게 '고지'라고 불리는 삽슬봉에서 들려왔다.

6·25전쟁 때 유엔군의 폭격을 받아 흙과 돌더미가 흘러내리는 모습이 이방인들의 눈에 아이스크림과 같았다는 이야기 때문에 투구처럼 생겼다는 삽슬봉 대신 아이스크림 고지로 널리 알려진 곳이다. 아이스크림 고지 정상에서는 굴착기가 연거푸 흙을 긁어 덤프트럭에 실었고, 가끔씩 굴착기의 '바가지'를 떼내고 '딱따구리'를 붙여 바위를 쪼아댔다.

탐조 관광지 개발로 파헤쳐지는 아이스크림. 민통선 철원평야에 자리잡은 아이스크림 고지를 철새조망시설로 개조하기 위해 벙커를 헐어내는 공사가 진행되고 있다. 2002. 12.

　이 공사는 철새조망대를 만들려던 계획이 주민과 환경단체의 반발에 부딪치자 원상복구하는 것으로 전쟁 이후 삽슬봉 정상의 형질을 변경시키는 최대의 사건이었다.

　아이스크림 고지는 비무장지대 남방한계선에서 불과 1-2킬로미터 거리에 자리잡고 있는 철원평야의 전략적 요새로서 북한의 평강고원과 주변 철원평야가 시원스럽게 한눈에 들어오는 곳이었다.

　그러나 이 공사로 아이스크림 정상의 벙커는 '데탕트'를 연상케 하듯 중장비 삽날에 의해 형체를 알 수 없을 정도로 부서져 버렸다. 창고 하나 지으려고 해도 작전상 문제로 군부대의 '부동의'가 떨어지는 실정에서 벙커를 철새조망대로 개조할 수 있도록 동의가 이뤄진 것 자체가 획기적인 사건이었다.

뒤늦게 문제가 제기되면서 파손시켜 놓은 군 벙커를 원상복구하기 위해 옛날 사진자료까지 수소문했지만 쉽지 않았다. 농민이나 철새 촬영작가, 사진기자 들이 모두 겨울마다 아이스크림 고지를 중심으로 활동해 왔지만 사진을 찍을 경우 말썽소지가 있는 군부대 시설물이 었기 때문에 누구 하나 제대로 기록해 두지 않았던 것이다.

아이스크림 고지로 향하는 오솔길로 덤프 트럭들이 오르내리면서 망가뜨리고 파헤친 것은 벙커뿐만이 아니었다. 가장 피해를 본 것은 억새가 무성하던 아이스크림 고지 주변에서 겨울을 나는 두루미였다. 작년까지 평화롭게 두루미들이 먹이를 찾아다니던 이곳에는 흙과 돌덩이를 실은 덤프트럭이 흙먼지를 일으키며 질주했다. 굴착기의 굉음이 요란한 곳에서 먹이를 찾는 두루미들은 모를 심는 농부처럼 고개를 숙이고 벼이삭을 줍지 못하고 불안감 때문에 늘 고개를 들고 두리번거리다 자리를 떴다.

원상복구 작업도 망가뜨린 군부대 벙커를 보수하기 위한 것이었지만 원래대로 복구될 수는 없었다. 아이스크림 고지는 관광지 개발로 전시만큼 수난을 겪었던 것이다.

철원평야 철새도래지가 결정적으로 피해를 보기 시작한 것은 무분별한 탐조관광이나 사진 촬영보다 아스팔트 도로포장 공사였다. 철원군은 1998년 9월 철원평야의 추수가 끝나자 동송읍 대이리와 인근 하갈저수지 사이 5킬로미터를 연결하는 군도 11호 공사를 시작했다. 이 공사는 접경지역 주민들의 불편을 덜어 주기 위한 기반시설 확충사업과 사정이 달리 주로 농로로 사용되고 있어 도로 폭을 넓히고 아스팔트로 포장까지 해야 할 필요성이 낮았다. 또 철원평야에는 지난 1990년대초 민통선 제2땅굴을 연결하는 군도 1호선이 18킬로미터 개설됐으며, 지난 1996년에는 군도 3호선 10.7킬로미터가 완공된 상태였다. 두 도로는 농기계들이나 관광버스가 움직이기 위한 최소한의 기반시설로 볼 수 있었다.

그러나 11번 군도는 아이스크림 고지 옆을 일직선으로 관통하면서 시베리아에서 날아온 겨울철새들의 마지막 보금자리를 위협하는 역기능이 더 높았다. 예상대로 이 도로는 월동하는 철새들에게 스트레스를 주는 차량들을 끌어들이는 역할을 하면서 아이스크림 고지와 하갈저수지 주변에서는 두루미들의 개체수가 눈에 띄게 줄어들었다. 이와같은 사태가 발생하자 철원군은 질주하는 차량들의 속도를 줄이기 위해 임시방편으로 도로에 과속방지턱을 곳곳에 설치했다. 그러나 영농철 농기계가 과속방지턱 때문에 제속도를 내지 못하는 문제가 제기되면서 농민들의 원성이 커지자 다시 슬그머니 없애 버렸다.

별다른 생각없이 만들어 놓은 도로가 철새도래지를 위협했으며, 과속방지턱도 농민들의 반발로 철거하면서 수천만원의 예산까지 날린 셈이다. 이 황당한 과속방지턱 설치사업에 대해 공개적으로 책임을 진 사람은 아무도 없었다. 어쩌면 도로 주변에 수수와 같은 키 큰 작물을 심어 겨울철 철새들의 은닉처로 만들어 주자는 주민들의 의견이 합리적인 듯했다.

철원평야뿐만 아니라 환경부가 자연생태계 보전구역으로 추진했던 양구 수입천도 여름철 관광지로 개발되면서 옛 모습을 잃어 버렸다. 1997년부터 수입천 일대의 제방을 쌓는 공사를 추진하면서 강바닥에 있던 바위들을 모두 들어내 반딧불이의 먹이인 다슬기가 거의 사

두타연 주변에서 점심 먹는 주민들. 1년에 하루만 개방되는 양구 민통선 금강산 가던 길을 따라 걸어온 주민들이 두타연 옆에서 도시락을 먹고 있다. 분단 전 바로 옆 두타사를 찾았던 주민들도 이곳에서 점심을 먹었을 것이다. 두타연은 국내 최대의 열목어 서식지로도 유명하다. 2000. 10.

수입천 길목에 설치된 소총 거치대. 북한에서 발원해 내려오는 깨끗한 수입천 주변으로 유사시를 대비해 설치해 놓은 Y자 소총 거치대. 2001. 10.

라졌다. 공사가 이뤄지기 전 수입천은 잠깐 사이에 양동이로 다슬기를 가득 주워 담을 수 있던 곳으로 여름철 밤하늘은 반딧불이의 불빛으로 장관을 이뤘었다. 또 건설교통부가 북한강 지역의 물부족 현상을 해결하기 위해 밤성골댐 건설을 추진하면서 수몰될 위기에 처했으나 주민들의 반발로 댐 건설은 유보된 상태다.

수입천 상류에 위치한 국내 최대의 열목어 서식처인 두타연 주변은 2003년부터 양구군이 하계 휴양지로 개발하기 위해 지뢰탐지 작업을 벌이고 진입로를 일부 포장하는 등 공사를 서두르고 있다.

7. 뿌리내리지 못한 생태계 정책

1. 철원평야 철새보호사업

세계적인 두루미들의 월동지인 강원도 철원평야에서 추진됐던 사업들은 남북관계 완화 속에서 이뤄지고 있는 민통선 관광지 개발과 관련해 시사하는 바가 크다. 모두 관광지 개발을 통해 지역개발을 앞당기자는 취지이지만 사업 시행단계에서는 주민들이 반발하는 문제점을 노출시켰기 때문이다.

1996년 강원도와 철원군은 사업비 15억원을 투입해 천연기념물 제245호로 지정된 민통선 철원평야에 철새공원을 조성하기로 발표했다. 두루미(천연기념물 202호)를 비롯해 재두루미(천연기념물 제203호), 기러기, 청둥오리 등 수많은 겨울철새들의 낙원으로 주목을 받고 있는 이 지역에 3층 규모의 전망대, 철새 박물관, 두루미 탑, 철새 납골당을 만들어 철새를 보호할 뿐만 아니라 관광객들이 희귀 철새들의 모습을 가깝게 관찰할 수 있도록 하자는 것이었다.

철새 관광공원 조성 규모는 총 1만2천제곱미터로 철새 서식지 환경개선 시설을 마련하기 위해 이 가운데 6천612제곱미터에 걸쳐 갈대숲과 늪을 인공적으로 조성하고 1천223제곱미터의 철새조망대 및 철새박물관을 만들기로 했다. 나머지 시설로는 두루미들이 죽을 경우 납골당 형태로 보존하기 위한 두루미 묘와 이를 기리는 조형물 661제곱미터, 주차장 2천646제곱미터 등이었다.

이와같은 철새공원을 추진하게 된 배경에는 1995년 조사를 기준으로 볼 때 30여 종의 각종 철새 10만여 마리가 공원 조성 이후 5년 내에 3-4배 가량 증가할 것으로 예상되고 전세계 4천 400여 마리뿐인 두루미와 재두루미 대부분이 도래하면서 국제적인 명소가 될 것이라는 장미빛 기대 때문이었다. 따라서 철새들의 고장이라는 청정지역 이미지를 널리 알리고 겨울철마다 1천여 명의 관광객을 유치해 1억원 가량의 관광수입을 올릴 수 있다는 계산도 나왔다. 눈길을 끄는 것은 철원지역에 생태계 보호구역을 지정하는 주장을 불식시키기 위해 지역에서 먼저 나서 공원을 조성하고 철새들을 보호하자는 뜻도 포함돼 있었다.

아울러 러시아 아무르 강-중국 삼강평원, 두만강-일본 이즈미를 연결하는 중간지점인 철원평야를 국제적인 철새 서식지로 탈바꿈시키겠다는 청사진도 제시됐다. 이럴 경우 매년 20만 명이 관람하는 싱가포르 새 공원과 이즈미 등 8개 지역에 걸쳐 철새공원이 조성돼 있는 일본처럼 자연과 더불어 사는 환경공동체 건설도 가능하다는 것이었다.

이 철새관광공원 조성사업은 얼마 뒤 비슷한 사업이 추진되고 앞으로도 수면 위로 부상할 수 있기 때문에 구체적으로 살펴볼 필요가 있다. 먼저 조성 부지로 2개 장소가 검토됐는데 하나는 겨울철에도 물이 얼지 않아 월동하는 철새들의 낙원인 철원읍 천통리 민통선내 샘통 철새도래지이며, 다른 하나는 동송읍 강산리 민통선내 아이스크림 고지 앞이었다.

그러나 철새공원 사업은 산림청과 국비 보조 문제를 협의하는 과정에서 강산저수지 앞 도로변에 철새 조망시설만 설치하는 것으로 축소됐다. 환경부는 겨울철새 도래지역에 인공시설을 설치하고 관광자원화할 경우 오히려 철새 서식지를 훼손할 것이라는 의견과 함께 도로 확장이나 각종 시설물을 구축하는 것도 반대했다.

생태관련 전문가들도 철새들의 서식처 가운데에 세우는 조망대가 장애물로 작용해 시각적 위협을 주고 비행에도 방해가 되기 때문에 철원평야 외곽으로 옮겨야 한다며 거들었다. 결국 철새조망대 시설도 환경부가 추진하고 있는 자연생태계 보호구역의 빌미를 제공하고 실질적으로 아무런 도움을 줄 수 없을 것이라고 농민들이 심하게 반발하자 철원군은 1997년 2월 취소할 수밖에 없었다.

철원군은 2000년에도 동송읍 하갈리 민통선내 아이스크림 고지 일대를 철새 탐조관광지로 개발해 철새와 야생동물 보호를 위한 교육장으로 육성할 계획을 내놓았다. 이곳은 3년 전

추진됐던 철새공원 후보지의 하나로 샘통에서 2킬로미터 가량 떨어져 있어 이름만 바뀌었을 뿐 큰 차이는 없었다. 하지만 철원군은 이번 탐조관광지 개발사업은 과거 철새공원과는 달리 거주시설을 갖추지 않고 관광에 필요한 최소한의 편의시설을 확충하기 때문에 차원이 다르다는 입장이었다.

2003년까지 국비와 도비 25억원이 투입되기로 예정돼 이 사업의 특징은 아이스크림 고지 위에 있는 군부대 벙커를 일부 대담하게 헐어내고 새롭게 개조해 200제곱미터 규모의 철새 조망를 설치하는 것이었다. 아울러 아이스크림 고지 뒷편의 수풀을 밀어내고 3천300제곱미터의 주차장과 조성하기로 했다. 이번에는 환경단체들도 과거 철새공원 조성계획 때 관심을 보이지 않던 것과 달리 반발하고 나섰다.

주민들은 철새공원과 마찬가지로 철새조망대가 들어서면 각종 규제가 강화될 것으로 우려해 철원군청 앞에서 1인 시위를 벌이기도 했다. 탐조 관광객들이 철원평야 논둑으로 차를 몰고와 두루미들을 뒤좇아 다니는 문제를 해결할 수 있을 것이라는 취지와 달리 주민들은 철새들을 쫓아내는 시설이 될 우려가 높다는 점을 내세웠다. 또 멸종위기의 겨울철새인 두루미와 독수리들이 사람들을 피해 월동할 수 있는 아이스크림고지 주변의 수풀과 갈대 같은 서식지를 파괴할 수 있다는 주장도 제기했다. 이번에는 철원지역보다 서울지역 환경단체의 여론에 힘입어 결국 철원군도 원상복구하고 사업을 중단하기로 했다.

그러나 철새공원과 철새조망대 사업에서 가장 문제가 되는 것은 중앙부처가 지역 실정을 전혀 모르는 상태에서 지방자치단체를 통해 성급하게 추진하다 보니 주민들과의 공감대를 형성하지 못했다는 점이다. 주민들이 단순히 재산권 침해 때문에 반대하고 있는 것으로 가볍게 여기고 생태계 보호라는 대의명분으로 사업을 밀어부친 잘못은 깨닫지 못한 듯했다.

철새공원 조성사업과 관련된 문제는 자연생태 보전지역을 지정하기 위한 갈등도 살펴봐야 내막을 알 수 있다. 환경부는 1998년부터 생태계가 우수한 것으로 알려진 강원도 민통선 지역내 건봉산, 대암산, 향로봉과 함께 철원평야를 자연생태계 보전지역으로 지정할 예정이었다. 이를 위한 전초전으로 1996년 4월부터 1년간 생태조사를 벌인데 이어 환경보전을 위한 기본정책을 수립하기로 했다.

자연생태계 보전지역으로 지정될 경우 건축물 신축 및 증축을 비롯해 지하 수위에 영향을

군부대 사격장에 내려앉은 재두루미들. 시베리아에서 중부전선 최전방 지역인 강원도 철원평야를 찾아온 재두루미들이 군부대 사격장에서 먹이를 먹느라 여념이 없다.

미치는 행위, 매립이나 간척사업, 외래종 동·식물의 반입 등이 엄격하게 제한되거나 금지된다. 반발에 대비해 현지 주민들에 한해 영농활동을 인정하고 주택의 신·증축도 부분적으로 허용하기로 했다.

환경부가 정전협정 이후 45년 이상 방치하다시피 하던 휴전선 지역에 생태관련 학자들을 투입해 4곳으로 압축해 놓은 자연생태 보전지역이 새삼스러운 것도 아니었지만 문제는 철원평야였다.

양구-인제 사이에 놓여 있는 대암산은 비무장지대와 접해 있는 것도 아니고 단지 군부대 문제로 출입이 통제되는 곳이어서 주민생활과 전혀 관련이 없었다. 고성-인제 사이에 있는 향로봉도 군부대 시설물만 들어서 있는 곳이며, 양구 두타연도 출입하기 어려운 민통선 안에 위치해 있었다. 세 곳 모두 농경지가 한 평도 없는 민통선 지역 오지나 고지에 자리잡고 있어 생태계 보전지역으로 지정하지 않더라도 사람들의 손길이 미칠 가능성이 없었다. 마찬가지로 생태관련 학자들의 주장들을 토대로 생태계 보전지역으로 지정하더라도 크게 달라질 형편도 아니었다.

그러나 철원평야는 다르다. 정부는 철원평야가 겨울철마다 두루미 등 각종 희귀 철새들이 몰려오는 곳으로 알려져 있고, 인근 샘통 자체가 천연기념물로 지정돼 있었으니 생태계 보전지역으로 묶을 필요는 있었다. 환경부는 이 지역에 하늘다람쥐, 청호반 새, 흰 해오라기 등의 야생동물이 서식하는 곳이라며 자연생태계 보전지역의 필요성을 내세웠다.

주민들은 환경부가 1995년 7월 이같은 계획을 발표하자 즉각 반발하고 나섰다. 강원도내 쌀 생산의 3분의 1을 차지하고 있는 최대 곡창지역에서 농사를 짓는 철원 주민들은 환경부가 생태계 지정계획을 발표하자마자 반대대책위원회를 구성했다.

철원지역 전체가 군사시설보호법을 비롯해 상수원 보호구역, 환경보호구역에 묶여 통제를 받는 상황에서 자연생태계 보호구역까지 지정된다면 생존권을 박탈하는 것과 같다는 이유였다. 또 향후 통일시대에 대비해 적극 개발할 필요가 있기 때문에 생태계 보전지역은 장애물이 된다는 것이었다.

주민들이 완강하게 반발하자 환경부는 1996년 1월 생태계 보전지역으로 지정하려던 철원평야 91제곱킬로미터에 대한 지적조사를 중지하고 "주민들이 동의하지 않는 한 자연생태계 보호지역으로 지정하지 않겠다"고 약속한 뒤 주민의 생활을 조금 배려하겠다는 전략으로 이해 11월 재접근했다. 그러나 좀처럼 반발이 누그러들지 않자 "주민들의 동의를 받은 뒤 지정하겠다"며 생태계 보전지역으로 지정하겠다는 방침을 유보했다.

환경부와 주민들이 자연생태계 보전지역 지정을 둘러싸고 맞선 가운데 철원군은 자치단체가 나서 보호하면 충분하다는 입장이었다. 이에 따라 철원군이 먼저 철새공원을 조성해 스스로 환경을 보호하고 소득도 높이겠다는 생각이었으나 주민들은 별로 동의하지 않았다.

환경부도 인내심을 가지고 접촉하면서 행정의 신뢰성을 쌓기보다 성과를 쟁취하기 위해 자연생태계 보전지역 필요성만 부각시키는 여론몰이 방식으로 너무 서둘렀다. 자연생태 조사에 참여한 사람들이 내놓은 결과에만 의존해 사업을 추진하다 보니 주민들의 동의를 얻는 문제는 간과하고 있었던 것이다.

각종 규제 속에서 생활해 온 주민들은 이러한 사업을 추진하는 부서와 공직자들이 지금까지 자신들의 입장을 전혀 고려하지 않고 있다는 것을 경험을 통해 알고 있었다. 즉 정책을 통과시키기 위해 주민 접촉에 나서는 인상을 주기도 했지만 그 순간을 모면하기 위한 겉치레에 불과하다는 것이었다. 게다가 무슨 문제가 있어 찾아가도 전임자가 해 놓은 것이어서 모른다는 답변이나 들어왔으니 이제는 아무리 좋은 사업이라도 주민들을 설득시키기가 더욱 어려운 형국이 됐다.

철새공원이나 조망대 사업도 폭넓은 의견수렴이 이뤄지지 않았기 때문에 뿌리내리기가 어려웠다. 우선 농민들은 철새조망대 사업도 지역에 규제로 작용할 것이라는 우려를 떨치지 않고 있었으며, 순수하게 철새보호활동만 벌이는 조류보호단체들도 이러한 사업에 대해 우려했지만 크게 고려되지 않았다. 단지 철원평야에 찾아오는 겨울철새들을 활용해 소득을 보자는 특정 의견에 편승한 측면이 강했다.

철새들을 관광자원화하기 위한 준비과정도 충분하지 못했으며 텃새화한 일본을 뒤쫓아가는 성향을 보였다. 주차장을 만들고 500원짜리 동전을 넣는 망원경을 설치하는 것으로 관광소득이 이어질 것이라고 예상했지만 정작 철새들을 보호하기 위한 준비는 부족했다.

일본의 경우 오랜 세월에 걸쳐 먹이를 주는 방식으로 텃새로 만들고 그 결과 관광자원으로 소득을 올리는 효과를 얻게 됐지만 철원평야는 이와 사정이 달랐다. 우선 철원평야를 찾아오는 철새들에게 먹이를 주기 시작한 역사도 짧아 철새들을 규칙적으로 모이게 할 수 있는 노하우가 전혀 없었다.

특이하게도 텃새화에 성공한 일본인들은 자연상태에서 서식하는 철원평야 철새들을 보고 환호성을 질렀으나 우리는 일본과 다른 특성을 살리지 못하고 그들의 방식을 부러운 눈길로 바라보고 있었다.

2. 철원평야 철새보호지역서 누락된 샘통

철원평야의 추수가 모두 끝나 버린 2000년 11월 6일 오전 10시, 철원읍 관전리 노동당사 앞으로 대형 트랙터들이 하나 둘씩 줄을 지어 모여들었다. 이들은 '샘통철새도래지 지정반대 추진위원회' 소속 주민들로 문화재청이 철원군을 통해 지시한 철새보호지역 변경 및 확장계

혹한에도 얼지 않은 철원 샘통. 전국에서 가장 추운 곳으로 유명한 철원. 강추위에도 얼지 않은 민통선 철원평야 철새도 래지에 눈꽃이 만발해 있다. 이곳은 현무암 암반을 뚫고 나오는 샘물이 연중 섭씨 15도를 유지하고 있다. 2000. 1.

획의 전면 취소를 요구하기 위해 나온 것이었다.

'철새정책에 멍드는 농심' 등의 현수막이 부착된 트랙터 앞에서 주민들은 공청회와 같은 여론 수렴과정 없이 추진한 샘통 철새도래지 보호지역 계획의 백지화를 요구했다. 이어 100마력 이상의 대형 트랙터 수십여 대를 끌고 '샘통 철새도래지'라는 간판이 내걸린 농로로 모두 들어가 논바닥을 갈아엎기 시작했다. 한 줄로 늘어선 대형 트랙터가 지나가면서 겨울철에도 얼지 않아 천연기념물 제245호로 지정된 샘통 철새도래지 주변은 순식간에 뒤집어졌다.

이는 독일 정부가 '철의 장막' 주변을 동·식물들의 성역으로 만들려고 시도하자 이 지역에서 농사를 지어 온 농민들이 반발했던 점과 비슷하다. 우리처럼 분단의 고통을 받아 온 철의 장막 주변 독일 농민들은 경작권을 주장하며 영구적으로 이 지역이 동·식물의 보고로

갈아엎어진 샘통 철새도래지. 문화재청의 철새도래지 이전계획에 반발하는 농민들이 민통선 철원평야 샘통 철새도래지 주변을 모두 갈아엎고 있다. 2000. 11.

묶이기 이전에 보호할 것이 없어지도록 나무와 풀을 베어 내고 농사를 짓기 시작했다.

　문화재청이 철새도래지 변경 및 확장 계획을 세우자 농민들은 철새보호를 위한 각종 규제가 강화될 것으로 우려했다. 또 문화재청과 철원군을 방문해 전면 백지화를 요구했으나 받아들여지지 않자 철새들이 아예 오지 못하도록 벼이삭이 떨어져 있는 논바닥을 갈아엎기에 이른 것이다. 생업에 종사하면서도 겨울철마다 철원평야를 찾아오는 철새들이 다칠 경우 치료해 주고 IMF로 지원이 뚝 끊어진 먹이를 어렵게 공급해 온 한국조류보호협회 철원지회 회원들은 먼발치에서 애를 태워야 했다. 문화재청의 철새도래지 이전계획을 '농민 죽이는 철새보호책'이라고 단정한 주민들과 원하지 않은 방향으로 논쟁이 붙을 수도 있었기 때문이다.

　첫날 6만여 평의 철원평야를 갈아엎은 농민들은 다음날에도 추경작업을 벌여 12만평 가량의 추경작업을 실시했다. 철원군은 농민들의 자제를 당부했으나 어차피 봄철에 갈아야 하는 논을 조금 앞당겨 가을부터 갈기 시작했다는 대답에 대응할 수 있는 방법이 없었다. 이미 지정돼 있는 철새도래지 위치를 조금 변경하거나 넓히는 정책인데 국내 최대의 두루미 월동지를 갈아엎는 극단적인 시위로 변질된 데는 그만한 사연이 있었다.

남한에서 가장 추운 곳으로 유명한 철원이지만 혹한기에도 얼지 않는 지하수가 현무암 암반을 뚫고 올라오는 샘통지역이 어이없게도 철새도래지에서 빠져 있었던 것이다. 정부는 1973년 7월 10일 겨울철에도 얼지 않는 물이 솟아나는 철원읍 천통리 민간인 출입통제선내 샘통지역을 천연기념물로 지정했다. 전쟁이 끝난 1953년 이후 이 지역이 민간인 통제구역으로 묶여 1970대초까지 방치되면서 휴전선 완충지대 및 주변의 농경지가 새들의 낙원이 되었기 때문이다.

하지만 당시 50만 분의 1 지도에 의존해 12만평을 지정했기 때문인데 요즘 사용하고 있는 2만 5천 분의 1 지도에 비해 정확도가 형편없이 떨어져 샘통이 누락됐던 것이다. 그렇지만 1953년 정전협정 당시 군사분계선을 표시한 지도가 2만 5천 분의 1, 지도였다는 점을 상기해 볼 필요가 있다.

오늘날처럼 경지정리가 잘돼 있는 철원평야를 머리에 떠올릴 때는 도저히 발생할 수 없는 일이었지만 수복 직후의 철원평야는 황폐된 상태로 방치돼 있었고, 남북한이 대립하고 있는 최전방 현장이어서 제대로 된 지적도가 갖춰져 있지 않았다는 것이다.

문화재청은 뒤늦게 샘통지역이 천연기념물 보호구역에서 누락된 사실을 알아차리고 샘

순식간에 갈아엎어진 두루미 곡간. 문화재청이 철새도래지 이전 계획을 추진한 것에 반발한 농민들이 두루미들의 먹이인 벼이삭이 떨어져 있는 민통선 철원평야를 대형 트랙터로 갈아엎고 있다. 2000. 11.

통 주변 152필지 12만 499평으로 보호구역을 조금 확대하거나 현재의 잘못 지정돼 있는 지역을 그대로 위치 이동시키는 방안을 추진해야 했다.

아울러 70년대 철새보호지역을 지정할 때와 달리 90년대 들어 3번 국도가 개설되면서 관광객이나 탐조객들이 시속 120-150킬로미터로 질주해 월동하는 철새들에게 많은 스트레스를 주는 점도 무시할 수 없었다. 30년이 흐르면서 철새보호지역으로는 아우토반과 같은 직선도로가 만들어졌다. 당초 구상에 비해 철새보호지역이 바뀌고 그 기능까지 떨어졌다면 대책이 필요했을 것이다. 하지만 이번에도 여론수렴 과정 없이 추진하다 보니 군사시설보호구역 등의 통제와 규제로 시달렸던 주민들이 반발할 수밖에 없었다.

이곳은 농기계 창고를 하나 지으려고 해도 군부대의 작전성 검토를 받아야 하는 처지이기 때문에 철새보호지역이 변경될 경우 그 주변의 환경규제가 강화될 수 있다는 우려가 높았다.

농민들이 두루미들의 월동지를 갈아엎은 곳은 겨울철로 접어들면서 문제점이 드러났다. 땅속으로 묻혀 버린 벼이삭을 찾기 위해 두루미들이 논을 헤매야 했고, 혹한기로 접어들면서 먹이부족은 심해졌다.

철새도래지가 갈아 엎힌 다음해 샘통을 둘러싸고 재미있는 일화가 또 탄생했다. 샘통 일대의 농경지 소유주가 샘통에서 나오는 물을 이용하는 수리계 직원을 대상으로 물값 1억원을 지급해 달라며 서울지방법원 의정부지원에 민사소송을 제기한 것이다. 샘통 지역에 3천 300여 평의 농경지를 가지고 있는 이 부부는 자신들의 농경지에 자리잡은 샘통에서 솟아나는 물값을 요구했다.

농경지 소유주는 소장에서 "우리가 소유하고 있는 땅에서 사시사철 나오는 물로 OO수리계가 관할하는 50만평의 논에서 벼농사를 지을 수 있었다"며 "물값 액수는 인근 덕보 수리계에서 매년 3천 평당 80킬로그램짜리 쌀 1가마를 주고 있는 점을 근거로 1998년부터 3년간의 물값을 산출한 것"이라고 밝힌 것이다.

이에 대해 소송을 당한 측은 "샘통에서 나오는 물은 일제시대부터 이용해온 자연 샘물"이라며 "그나마 현재는 대다수 지하 관정을 이용하고 있으며, 샘통의 물을 이용해 농사짓는 곳은 10만-20만평밖에 불과하다"고 펄쩍 뛰었다. 당연히 이런 방식으로 물값을 요구하는 처사는 '현대판 봉이 김선달' 사건으로 볼 수밖에 없어 변호사를 선임해 법정에서 그 부당성을 제기하기로 했었다.

철새도래지 문제는 추경사건을 정점으로 고비를 맞았다가 정부와 지자체, 주민들이 서로의 입장을 확인하고 긴 휴전에 들어갔다.

철새보호를 위한 정책을 입안하던 부서도 농민들이 두루미의 먹이가 떨어져 있는 논바닥을 모두 갈아엎는 방법으로 나올 경우 전혀 대책이 없다고 판단했기 때문이다. 농민들이 한 달 동안 이처럼 반대하자 문화재청은 지역 주민들의 의견수렴을 통해 합의점을 만들어내겠다는 선에서 후퇴했다.

철원군은 철새도래지를 갈아엎으며 항의시위를 벌였던 주민 등 22명에게 체류비와 항공료를 모두 지원하는 방법으로 일본 홋카이도 구시로 시에 보내 철새보호 활동을 배우도록 주선했을 뿐이었다. 그후로 아무도 철새도래지 보호방안을 먼저 꺼내려고 하지 않았다. 당국도 주민들의 동의를 얻지 못하면 정책이 휴지조각에 불과하고 결국은 실패로 돌아간다는 것을 잘 알게 된 계기였다.

잠복기로 접어든 철새도래지와 같은 사건은 야생동물을 보호하자는 생태계 정책이 155마일 휴전선 인근 민통선과 주변 접경지역에서 어떤 결과로 파급될 수 있는지를 잘 보여주는 사례로 충분했다.

3. 한순간에 사라진 백로들의 지뢰밭 보금자리

철원에서 최근 눈에 띄게 사라진 것은 매년 봄이면 백로들이 고목에 둥지를 틀던 철원읍 관전리 옛 노동당사 인근 서식지이다. 노동당사에서 5검문소를 지나 철원역 방면으로 진입하자마자 오른쪽으로 미확인 지뢰 표지판과 함께 사람의 손길이 전혀 미치지 않은 갈대밭이 펼쳐진다. 이곳은 전쟁 이후 습지를 좋아하는 버드나무가 뿌리를 내린 지 오래됐으며, 그 미끈한 줄기에서 연한 속살을 드러내는 시기부터 여름철새들인 백로와 왜가리 600여 마리가 몰려와 장관을 이뤘다.

철원지역 대부분이 분단의 현장이지만 이곳을 찾는 여름철새들이 새삼스럽게 관심을 끌 수밖에 없었던 것은 논과 개활지, 강변도 아닌 지뢰밭에서 평화로운 자태를 뽐내기 때문이

봄을 맞은 철원읍 관전리 민통선 지역의 미확인 지뢰지대에도 새싹이 돋아나고 있다.

철원 수도국. 일제시대 강원지역에서 가장 먼저 상수도를 공급했던 철원 수도국은 전쟁을 거치면서 아카시아나무까지
자라는 폐허로 변했다. 수도국 물탱크는 북한군이 포로들을 감금하는 시설로도 이용됐었다.

다. 사실 수 백여 마리의 백로들이 전방의 봄을 알리던 이 지역은 일제시대부터 철원지역의 중심지였으나 전쟁으로 모두 파괴되면서 지금은 민간인 집 한 채도 찾아볼 수 없다. 당시 이곳은 원산과 금강산으로 향하던 철로가 지나던 인근에 자리잡고 있었던 지리적 특성 때문에 당시 원주보다 크고 의정부와 비슷한 규모를 갖추고 있었다.

또 노동당사 맞은편인 철원읍 율리리에 자리잡은 수도국에서는 일제시대인 1936년부터 수돗물을 공급하기 시작했는데 당시 강원도내에서 유일한 상수도 시설이었으며, 새마을운동을 거치면서 우리 농촌에 수돗물이 선을 보인 것과 비교해도 굉장히 빠른 것이었다.

백로들의 보금자리가 만들어진 것은 전쟁을 거치면서 모든 것이 폐허로 변했으나 이 틈을 비집고 들어온 나무들이 성장해 숲을 이루면서부터다. 수십여 미터씩 뻗은 아카시아숲에 접근해 보면 미확인 지뢰지대를 알리는 표지판 너머로 일제시대 전성기를 이뤘던 건물들의 기초가 아직까지 선명하게 자리잡고 있다.

지뢰밭에서 봄을 알리던 전령사들은 보금자리를 틀었던 나무들이 배설물에 의해 말라죽으면서 1998년 여름을 마지막으로 대부분 자취를 감추었다. 다음해부터 훨씬 남쪽인 경기도 포천군 관인면 냉정리 냉정저수지로 옮긴 것으로 확인됐으나 다른 백로서식지와 비슷해 미확인 지뢰밭에 자리잡고 있던 정취를 느낄 수는 없었다.

4. '평화의 나무'가 던진 메시지

지난 20세기는 평화를 기원하는 인류의 염원에도 불구하고 세계적으로 전쟁과 폭력으로 얼룩졌다. 자연을 파괴하는 개발로 인해 생태계가 망가지는 환경재앙이 속출했으며, 한반도에서도 6·25전쟁으로 평화가 깨지고 휴전선 곳곳은 아직도 상처로 시름을 앓고 있는 것이다.

유엔이 정한 '세계 평화의 해' 이자 21세기의 첫 해인 2000년 4월 5일 식목일에는 분단지역에 평화와 희망을 심기 위한 뜻깊은 자리가 마련됐다. 21세기를 평화의 해로 가꾸기 위해 철원군 민통선내 최전선 지역인 월정리역 광장에서 '평화의 나무' 식목행사가 열렸다. 전쟁으로 짓밟히고 분단의 상처가 남아 있는 이 최전선에 평화와 희망을 꽃피울 나무를 심자는 이벤트였다.

'평화의 나무'를 심는 고사리 손길. 한국전쟁 발발 50주년을 맞아 철원 DMZ 남방한계선 주변에서 마련된 평화의 나무 심기 행사에서 어린이들이 작전도로 옆에 나무를 심고 있다. 이 나무들은 1년 만에 모두 죽었다. 2000. 4.

이날 자리를 마련한 환경단체와 군장병, 학생들은 철마가 주저앉은 월정리역사 주변과 인근 철원읍 관전리 옛 북한노동당 철원지부 앞에서 '평화의 나무'로 이름 붙여진 구상나무와 잣나무 300그루를 정성껏 심었다. 부모를 따라 참가한 초등학생들도 황량한 남방한계선 장벽 주변에서 반세기 동안 굳어 버린 땅을 판 뒤 나무를 심었다.

참석자들은 이날 엄숙한 기념사처럼 이곳에 심는 나무가 평화와 생태계 복원의 상징이 되길 소망했다. 또 끊어진 철마가 다시 달리고 비무장지대 생태공원을 만들어 가기 위한 계기가 되길 저마다 기원했다.

2001년 재두루미와 두루미가 북상길에 오르는 장면을 담기 위해 이곳을 찾아갔다 크게 놀랄 수밖에 없었다. 지난해 평화의 나무를 심었던 월정리역 광장은 덤프 트럭이 내려놓은 흙더미들이 무덤처럼 점령하고 있었던 것이다. 누렇게 말라 죽은 구상나무들이 몇 그루라도 있어 '평화의 나무'를 심었던 곳이라고 겨우 알 수 있을 정도였다. 순찰로 옆에 고사리 손길로 심은 나무들도 보일 듯 말 듯한 줄기만 내민 채 모두 죽어 버렸다. 대부분 흔적 없이 사라지고 남아 있는 것조차 말라죽거나 뿌리째 뽑혀 방치되고 있었던 것이다.

이 상황은 짧고도 분명한 메시지를 던졌다. 먼저 나무를 심었던 곳이 습지여서 일부는 뿌리가 썩어 죽어 버렸다. 나머지는 잡초를 정리하기 위해 쏟아 놓는 흙더미에 깔려 죽었는데 평탄작업을 하고 잔디를 심을 계획이었다. 그래도 일부 살아 남은 구상나무는 누군가 캐간 것이 아니냐는 추측도 제기됐으나 월정리전망대를 지키는 군인들은 민통선 지역에서 조경용으로 나무를 캐 가는 것이 사실상 불가능하다고 주장했다.

이번 사건은 평화의 나무가 겪을 운명을 미리 살펴볼 수 있는 기회가 됐다. 평화의 나무를 심기만 하면 그대로 자라고 희망의 열매를 맺을 것이라는 생각은 어쩌면 너무 순진한 발상이었는지도 모른다. 평화의 나무는 전쟁이 남긴 상처와 긴장감이 상존하는 지역에 평화를 정착시키려는 마음자세도 필요하겠지만 잘 가꾸어 나가는 것이 더 어렵다는 점을 일러 주었다.

그 평화의 나무를 가꾸는 것은 심은 사람의 노력과 희생으로만은 불가능하고 나무를 아끼는 다수의 손길이 더 절실하다는 점도 빼놓을 수 없었다. 그뿐만 아니라 평화의 나무를 심는 곳은 건전한 토양이어야 뿌리를 내릴 수 있다는 점이다. 원래 척박한 땅이라면 토질 개선이 어려울 것이므로 이 환경에서 뿌리를 내릴 수 있는 수종을 찾는 것이 더 나은 방편이 될 수 있다. 잔디를 심기 위해 나무를 뽑고 평탄작업을 추진한 사람들에게는 평화의 나무라기보다 잡초와 같은 수준의 방해물로 보였을 것이다.

전쟁이 남긴 휴전선과 비무장지대에 평화의 나무를 심자는 고귀한 뜻을 거스를 사람은 없지만 1년 만에 훼손된 점은 되새겨 볼 필요가 있다. 이를 위해서는 무엇보다 155마일 휴전선 계곡과 평지마다 서로 다른 특성을 면밀하게 조사하고 적합한 수종을 찾아야 할 것이다.

또 장차 분단 공간을 막고 있던 철조망이 걷히는 날 불도저를 끌고 들어갈 나무와 수풀, 하천을 무작정 밀어 버리는 실수도 가능한 줄일 필요가 있다. DMZ에 듬성듬성 남아 있는 나무들이 비록 경제적 측면에서 보잘것없을지 모르지만 총부리를 들이대는 긴장 속에서 나이

테를 키워 왔을 것이고, 그 나무들이 자라는 언덕을 위해 전투를 벌였던 곳일 수도 있기 때문이다.

먼 훗날을 기약하고 가족 대대로 내려오던 물건이나 추억을 묻어둔 표식일지도 모르지 않은가. 아니면 화공작전으로 대다수 나무들이 불타 버리는 공간에서 여름날 야생동물들이 잠시 쉬어 가는 그늘을 만들어 주거나 철새들이 보금자리일 수도 있다.

이번 일은 머릿속에서 구상하는 평화가 적지 않은 도전과 시행착오를 거치지 않고는 뿌리내리기 힘들다는 점을 함축적으로 보여주었다. 앞으로 비무장지대에 진정한 평화의 나무를 심어야 할 기회가 온다면 이번 평화의 나무가 겪은 사례를 기억하며 굳건하게 뿌리내릴 수 있도록 해야 할 것이다.

194

8. 50년 분단 세월, 5천년 물길도 단절

1. 인공호수로 떠오른 금강산댐

"북한 금강산댐이 거의 완공됐나 봅니다. 눈으로도 시퍼런 인공호수가 보이거든요."

2002년 1월초 우연히 들은 이 이야기는 88서울올림픽을 앞두고 제기됐던 북한의 금강산댐 수공 침략설 이후로 처음이었다. 그래서 우리측 최전방 휴전선에서도 그 호수를 관측할 수 있다는 정보는 금강산댐이 붕괴되면 여의도 국회의사당까지 잠길 것이라던 당시 정부의 과장된 발표를 상기시키면서도 사실을 확인하고 싶은 호기심을 불러일으켰다. 그렇지만 냉전 상황도 많이 바뀌어 관광객들이 금강산으로 관광을 가는 시대를 맞아 함부로 덤벼들 수도 없었다.

'남북한 교류시대에 국민들은 금강산댐 문제를 어떻게 생각할까. 설령 금강산댐이 문제가 있어도 화해 시기에 꺼내야 하는 것일까.' 2개월간 이런 고민으로 뒤척거리다 비로소 D-데이를 잡을 수 있었다. 매년 3월 22일이 되면 유엔이 정한 '세계 물의 날'을 맞아 '한국도 물부족 국가' '물 쓰듯이 물을 낭비해서는 안 된다'는 등 거의 틀에 박혀 있는 기사들이 오히려 물을 절약해야 하는 현실감을 떨어뜨리던 기억이 떠올랐다. 그렇다면 분단된 우리에게 가장 시급한 물문제는 무엇일까.

대답은 간단했다. 2001년부터 북한강 상류지역에서는 금강산댐 영향으로 물줄기가 줄어들고 있었기 때문에 수자원 협력차원에서 금강산댐 문제를 모색할 필요가 있었다.

북한이 북한강 상류에 건설한 금강산댐(임남댐)의 담수가 본격화하면서 2002년 3월 양구 북방에서 처음으로 관측된 인공호수.

　북강원도 회양군 상북면 연대봉에서 발원해 남쪽으로 내려오는 북한강은 선사시대부터 일제강점기를 거쳐 오늘에 이르는 5천년 동안 한 번도 인위적으로 단절된 적이 없었다. 남북 분단이 고착화되고 안보문제가 우선시 되다 보니 발생하는 현대사의 문제였다. 그렇다면 서로 교류가 시작하는 지금이 이 문제를 협의할 수 있는 기회가 될 수도 있었다.

　분단 이전까지 북한강은 금강산댐(일명 임남댐)으로 수몰된 금강천 강변나루터를 출발해 서울까지 뗏목이 내려가던 길이었다. 북한강을 내려오던 나룻배는 양구 방산지역에서 생산되던 고령토를 싣고 경기도 광주분원에 전달하는 물류 수송기능도 맡았다.

　그러나 처음부터 쉽지 않았다. 군부대측은 북한강 양대 지천의 하나인 금강천을 촬영해 물의 날 특집기사로 다루겠다는 제안에 고개를 흔들었다. 금강산댐을 거론할 경우 승인문제가 걸릴 것이 분명하기 때문에 금강천만 찍겠다는 대안을 제시했다. 인공위성 사진을 분석해 본 결과 금강천이 비무장지대로 최대한 근접해 있는 곳이 촬영지점이며, 댐이 완공됐다

비무장지대를 찾아서

면 당연히 물이 차 있을 수밖에 없다는 판단 때문이었다.

하지만 답변은 금강천이라는 게 없어 힘들며 설사 과거 지도상에는 있더라도 비무장지대 너머 북한 땅이면 어렵다는 것이다. 얼마간의 격론 끝에 우리측 최전방에 가서 금강천의 존재여부나 확인하자는 선에서 협의가 이뤄졌는데 카메라를 소지해서는 안 된다는 단서가 붙었다.

군부대 짚차를 타고 칼등 같은 양구 북방 최전방 작전도로를 타고 도착해 보니 듣던 대로 북한 산하 멀리 시퍼런 호수가 펼쳐져 있었다. 최전방 국군 철책선에서 직선거리로 8-9킬로미터인 금강천은 이미 내륙의 호수로 등장해 있었고, 북한강을 내려오던 물줄기는 모두 저 인공호수로 들어갔던 것이다.

카메라를 소지하지 않기로 약속했기 때문에 촬영을 못하고 내려오는 길에 안내자는 "아무것도 보이지 않는다"며 포기를 권했다. 어떻게 똑같은 것을 보고도 입장에 따라 이처럼 다를 수도 있을까. 우여곡절 끝에 다시 올라와 촬영을 할 수도 있다는 답변을 어렵게 받아냈다.

두번째 올라왔을 때 금강산댐 담수지역은 전혀 보이지 않았다. 매년 3월 중순부터 시작되는 황사가 남북한 산하를 모두 누런 위장망처럼 덮고 있었기 때문이다. 이번 일이 어렵게 될 수 있다는 것을 암시하듯 휴전선 주변에서 음식물 쓰레기(속칭 짬밥)를 먹고 사는 까마귀떼들은 요란하게 눈과 귓전을 흔들어댔다. 춘천에서 꼬박 3시간을 달려야 도착할 수 있는 지점으로 하루 왕복 6시간이나 소요되는 곳을 또 오를 생각을 하니 막막했지만 어쩔 수 없이 발길을 돌려야 했다.

마지막으로 백두OP에 올라왔을 때 금강산댐 담수지역은 황사를 피해 그 모습을 살짝 보여주었다. 북방한계선 너머 역삼각형 모양의 담수지역이 들어왔고 그 옆 산언덕 사이로 3-4개의 작은 호수가 염주알처럼 이어져 있으나 황사 때문에 흐릿하게 가려져 있었다. 국민들의 성금을 모아 평화의 댐을 건설하도록 만들었던 금강산댐의 담수지역이 최초로 카메라에 포착되는 순간이었다. 이후에 매체에 등장한 금강산댐 담수지역 사진들은 모두 금강산댐 문제가 본격화한 5월초 현장 공개 때 촬영된 것이다.

물이 찼다 빠지는 것을 반복하면서 드러난 금강산댐(담수 규모 26억톤 추정) 가장자리는

북한강의 도하작전. 물문제뿐만
아니라 전략적으로도 중요한 북
한강에서 화랑부대 장병들이 신
속하게 도하작전을 전개하고 있
다. 1999. 7.

북한이 북한강 상류에 금강산댐을 건설하면서 물줄기가 크게 줄어들어 일제시대 때에는 나룻배
가 지나다니던 곳이었는데 지금은 실개천으로 전락했다. 2002. 3.

소양댐(담수규모 29억 톤)과 별 차이가 없었다. 겨울철 수위가 줄어 황토색 가장자리를 드러냈지만 지난 장마철에는 만수위에 이르지 않았나 하는 추측도 어렵지 않았다.

정확한 지점을 알 수 없는 북녘 땅에서는 가끔씩 땅을 흔드는 것처럼 둔탁한 발파음이 들려왔다. 초병은 채석장에서 돌과 자갈을 채취하기 위한 것이라는 설명과 함께 그 횟수와 시간을 꼼꼼하게 근무일지에 적어 나갔다. 금강산댐을 최종 완공하기 위해 작업을 서두르는 것일까. 아니면 강원 중·북부지역에 중·소형 댐을 짓고 있다는 중앙통신의 보도와 관련이 있는 것일까.

그 해답을 당장 풀 길은 없었다. 이미 지난 해부터 금강산댐 남쪽지역인 양구 방산면에서는 안개가 발생하는 날이 많아졌다는 이야기도 들렸으며, 휴전선 인근 산골짜기에서 약초를 캐 온 주민들은 이 댐의 존재에 대해 벌써 알고 있었다고 한다.

남측에서 육안으로 관측할 수 있을 정도로 담수가 이뤄진 금강산댐의 문제점을 지적하면서도 물길이 줄어들어 발생되는 수자원 공유문제를 살펴보는 것이 시급했다. 잘못하면 과거처럼 '물폭탄'으로만 바라볼 수 있는 우려가 있어 수자원 단절문제와 협력, 북한강 단절로 인한 남측의 피해, 이로 인해 왜곡될 수밖에 없는 댐정책 등을 함께 다루기로 했다.

2. 평화의 댐 상류에 펼쳐진 이상한 모래밭

물의 날 특집을 준비하면서 같은 달 13일 서울대 국제법학과 이상면 교수와 함께 북한강 상류를 찾게 됐다. 이 교수는 2001년 7월 11일 한림대 과학원이 '남북한을 흐르는 북한강'이란 주제로 평화의 댐 상류 북한강에서 개최했던 DMZ 야외토론회에서 금강산댐 건설로 인해 그해 악명을 떨쳤던 물부족 사태가 벌어지고 있다는 요지의 논문을 발표해 큰 파장을 일으킨 분이었다. 당시 북한에서 내려오던 한탄강과 남대천 바닥이 드러나면서 모를 내야 하는 논이 하얗게 말라가기 시작했으며, 가뭄사태는 경기도 북부 등 1개월 만에 전국으로 번져 나갔다. 북한에서도 왕가뭄이 들었다는 소식이 전해졌다.

이 교수와 함께 1년 만에 찾은 북한강은 여전히 바닥이 드러나 있었지만 그때처럼 하얗게 말라 있지는 않았다. 아직 눈이 녹았던 물기가 남아 있었기 때문이었다. 작년에는 강바닥이 거북등처럼 갈라져 있었고, 계곡으로 펼쳐진 강변에는 건조한 지역에서 자라는 하얀 메꽃들

북한강 최전방 오작교 아래에서 북쪽으로 물길을 거슬러올라
가는 황쏘가리들(천연기념물 제190호). 2001. 5.

이 자리를 차지하고 있었다.

강변으로 유실지뢰가 떠내려 왔을지도 모른다는 안내장교의 말을 새기며 내려간 강바닥은 한동안 물이 빠져 있었다는 것을 대변하듯 야생동물들의 발자국이 곳곳에 찍혀 있었다. 그는 군인들도 강을 건너다닐 정도로 물이 빠져 버리고 가끔 이곳에서 축구를 할 때도 있다고 귀띔했다.

이곳을 지나 차량바퀴가 진흙탕에 빠지는 비포장도로를 거슬러 북한강 상류지역인 오작교로 이동하면서 차창밖으로는 이상한 풍경이 전개됐다. 1년 전에는 없던 모래들이 실개천 수준으로 줄어든 산골짜기 강바닥을 명사십리처럼 덮고 있었다. 햇빛에 반짝반짝 빛나던 이 모래 위에서 뛰어다니고 싶은 충동까지 들었고, 건축자재로 내다 팔면 막대한 돈을 벌 것이라는 농담도 주고받았다.

생소한 모래밭은 DMZ를 가로막고 있는 남방한계선 오작교에서 정점에 달했는데 하얀 모래 위로 흐르는 물은 누구라도 건널 수 있을 정도로 얕았다.

작년 가뭄 때 황금색을 자랑하며 물길을 거슬러오르던 희귀어종 황쏘가리(천연기념물 제190호)들의 집단서식처는 온통 모래로 뒤덮여 고기 그림자를 찾아보기 어려웠다. 그때는 눈에 보이는 물고기들이 거의 황쏘가리였다.

오던 길을 내려가면서 확인해 봐도 과거 나룻배가 다니던 북한강 상류는 걸어서 건널 수 있을 정도로 너무 얕아 보였고, 그 미세한 모래들이 수 킬로미터에 걸쳐 겹겹이 쌓여 있었다.

3. 겨울철 이상홍수

이 모래들에 대한 궁금증은 얼마 뒤 실마리가 잡혔다. 북한 금강산댐에 대응하기 위한 평화에 댐 설계에 참여했던 한강수자원연구소 최석범 소장(수자원개발기술사)이 춘천시 후평동 그의 사무실을 찾았을 때 입을 열었다. 강원대 토목공학과 강의까지 나가던 그는 틈틈히 『실무자를 위한 수자원공학』(2001)이라는 전공서적을 새로 집필할 정도로 수자원 현장과 이론에 밝은 전문가였다.

그는 몇 달 전인 지난 1월 14일부터 2월 3일까지 이 지역에서 발생했던 기이한 겨울홍수 현상에 주목했다. 평상시 화천댐 상류의 강수량은 30밀리미터에 불과하고 유입량도 3천만톤에 그쳤다. 인근 화천댐의 강수량도 35.5밀리미터, 평화의 댐 25밀리미터, 인근 양구 30밀리미터로 주변지역이 거의 비슷한 수준이었다.

그런데 유독 이 기간에 평화의 댐 상류에서는 375밀리미터의 장마비가 내렸을 때 가능한 3억4천만톤의 물이 유입되면서 겨울철에 홍수현상이 벌어졌다는 것이다. 평상시 유입량이 초당 2톤으로 이는 사실상 유입량이 거의 없다고 볼 정도로 미비한 수준인데 초당 210톤의 물이 유입되면서 냉전의 산물인 평화의 댐으로 흙탕물이 쏟아져 내려왔던 것이다.

그는 이러한 현상이 금강산댐 공사를 시작한 뒤로 몇 차례에 걸쳐 더 발생했다는 말도 잊지 않았다. 순간 얼마전 이상면 교수와 보았던 평화의 댐 상류 최전방 지역의 모래벌판이 떠

2002년 겨울. 이상한 겨울홍수가 발생했던 북한강 최전방 지역에 금강산댐에서 밀려온 것으로 보이는 모래벌판이 펼쳐져 있다. 2002. 3.

올랐다.

북한강은 회령 등 양구 북방 북한지역 금강천과 합류해 흘러오다 화천 비무장지대 금성천과 마주쳐 오작교 아래로 내려오는 하천이다. 그렇다면 오작교 주변에 별다른 저수지나 댐이 없다면 그 모래의 발원지는 북한일 수밖에 없었다. 즉 중장비를 동원해 댐을 쌓는 남측과는 달리 열악한 장비로 얼어붙은 흙을 녹이며 공사를 벌이는 북한의 금강산댐 건설현장 특성상 공사과정에서 무슨 사고가 발생했다는 추론이 가능했다. 그 모래는 누수나 물막이 과정에서 대량의 흙탕물과 함께 비무장지대를 거쳐 내려온 것으로 볼 수밖에 없었다.

어느 날 시퍼런 인공호수로 떠오른 금강산댐 담수문제로 시작해 북한강 오작교 주변의 모래벌판 현상까지 겹쳐지면서 오리무중이었던 금강산댐의 수수께끼가 풀려나가는 듯했다.

4. 평화의 댐 긴급 보강공사

이런 정황을 종합해 볼 때 금강산댐의 안전성이 취약할 수도 있다는 징후가 감지되기 시작했다. 그러나 남북한 이산가족이 금강산에서 상봉하고 있는 상황에 찬물을 끼얹을 수는 없는 노릇이었다. 직접 금강산댐에 가서 확인할 수는 없으나 이런 저런 정황을 꿰맞춰 가다 보니 도달하는 문제였는데 잘못하면 국민들을 불안에 떨게 하는 대형 오보를 각오해야 했다.

4월 26일 금요일 저녁, 금강산댐의 안전성이 취약한 것 같다는 기사를 항공우주연구소 사진이 잡은 금강산댐 유역사진과 함께 기사를 보냈다. 이 기사는 지방지에 사진만 반영되고 정부의 항의는 의외로 없었다. 일요일인 28일 밤 9시, KBS에서 미국의 상업위성 이코노스 위성이 잡은 인공위성 사진을 토대로 금강산댐의 이상징후를 방송했다. 나중에 안 것이었지만 지난 달 송고한 금강산댐 담수지역 사진을 보고 금강산댐을 볼 수 있는 인공위성 사진을 수소문했다는 것이었다.

비가 퍼붓던 월요일날 양구로 출장을 나가 있었는데 평화의 댐에서 원인을 알 수 없는 공사준비가 이뤄지고 있다는 정보가 들어왔다. 최석범 소장과 빗길을 뚫고 도착해 보니 컨테이너 14개가 평화의 댐 주변에 설치돼 있었다. 작업 인부들은 먼저 들어가 진입로부터 닦으라는 지시를 받고 와 정확한 내용은 알 수 없지만 평화의 댐으로 물이 넘칠 경우에 대비하기

밤낮으로 진행되는 평화의 댐 보강공사. 북한 금강산댐의 안전취약성이 제기되자 정부가 장마철에 대비하기 위해 화천 평화의 댐을 밤낮으로 보강하고 있다. 2002. 6.

위한 것이라고 말해 주었다. 덤프 트럭들도 연신 흙을 실어다 댐 남측에 접근도로를 만들고 있었고 굴착기들도 눈에 들어왔다.

공사장 식당(함바집)에서 저녁을 먹으며 사진과 기사를 송고하려 했지만 연결선이 서로 틀려 실패했다. 비가 내리는 밤길을 달리다 방산면 어느 식당에 도착해서 겨우 전화라인을 얻어 쓸 수 있었다. 다들 금강산댐 안전 문제가 어떤 영향을 미칠지 불안해 하는 표정들이었다.

이날 저녁 정부는 안전성이 취약한 금강산댐 문제에 대비하기 위해 평화의 댐 긴급 보강 공사에 들어가 장마철 이전에 완공하기로 했다. 또 화천댐을 비워 놓아 금강산댐이 붕괴될 만일의 경우에 대비하겠다고 발표했다.

5. 북한강 분단의 산물들

다음날부터 평화의 댐에서는 금강산댐 붕괴에 대비한 공사가 본격적으로 시작됐다. 댐 남측에서는 양수기를 이용해 바닥에 고인 물을 뽑아내는 작업이 벌어졌고, 댐 정상에서는 구멍을 뚫어 바위틈을 메우는 일이 진행됐다.

88올림픽을 앞둔 시점에서 북한이 건설하기 시작한 금강산댐에 대해 정치적으로 접근했듯이 이번에도 성급하게 댐을 보강하는 방향으로 비화됐다. 그러나 금강산댐의 본질은 물, 즉 수자원 이용문제였다. 남쪽으로 내려오던 물길을 막아 수도권 주민들의 젖줄인 북한강의 유입량이 크게 감소하고 화천댐, 춘천댐, 의암댐, 팔당댐 들이 연쇄적으로 발전피해를 입는 문제를 해결하기 위한 방안을 모색하는 것이 중요했다.

물줄기가 줄어든 파장은 우선 평화의 댐 바로 밑에 있는 화천댐에서 감지됐다. 1944년 10월에 총저수량 10억1천800만톤 규모로 완공된 화천댐은 금강산댐 건설 이전 초당 73.9톤이 유입됐으나 이후 72.5퍼센트나 감소한 20.3톤으로 곤두박질했다. 하류 춘천댐도 금강산댐 건설 이전 유입되던 초당 117톤의 물이 53.4톤으로 줄어들고 의암댐은 188톤에서 134톤으로 줄어들었다. 청평댐은 234톤에서 182톤으로 떨어졌다.

북한에서 흘러내려오던 북한강 유입량이 상류지역에서부터 줄어들면서 물에 의존해 발전을 하는 수력 발전량도 피해를 볼 수밖에 없었다. 화천댐의 발전량이 금강산댐 건설 이전 연간 3억1천300만 킬로와트에서 절반수준인 1억5천800만 킬로와트로 줄어든 것을 비롯해 춘천댐 6,700만 킬로와트, 의암댐 3,900만 킬로와트, 청평댐 5,040만 킬로와트, 팔당 2,500만 킬로와트 등 연간 총 3억4천만 킬로와트의 발전 피해가 일어났다. 돈으로 환산하면 연간 145억원의 용수공급 피해와 160억원의 발전 감소 피해가 각각 발생하면서 북한강 수계에서는 연간 305억원 가량의 피해가 발생하는 것으로 추정됐다.

아울러 줄어든 5억6천만 톤의 용수공급 능력을 가진 댐을 만들기 위해서는 1조원 가량이 필요한데 이를 연간 경비로 환산하면 820억원의 손해가 추가로 발생한다고 볼 수 있었다. 결국 금강산댐으로 인해 북한강의 물이 줄어들면서 연간 305억원에서 980억원 가량의 막대한 피해가 일어난 셈이다.

파로호 바닥이 드러나면서 생태계 피해도 심각했다. 사실 파로호가 바닥을 드러낸 것은 금강산댐 안전문제로 시작된 것보다 2000년 12월 화천댐 수문공사를 하기 위해 물을 빼버린 데 1차 원인이 있었다. 이로 인해 이미 겨울철에 쳐 놓은 빙어 그물이 땅바닥에 드러나고 고기 잡는 도구가 떠내려가는 피해가 발생했다. 그러나 여름철이 되면 다시 물이 찰 것이라는 기대와 달리 금강산댐 붕괴 가능성 때문에 장기간 파로호를 비워 놓기로 하면서 어민들은 생계터전을 아예 잃어버리게 됐다

2001년 5월 14일, 화천댐을 비우면서 바닥이 드러난 양구군 양구읍 상무룡 1리를 찾았다. 방산면에서도 비탈진 산골길을 한참 지나가야 나오는 이 마을은 전형적인 산골마을로 일제가 화천댐을 완공하면서 생긴 파로호에서 물고기를 잡고 매운탕을 끓여 낚시꾼들에게 팔아가며 살아오고 있었다. 하지만 마을앞 파로호는 물이 빠지면서 넓은 갯벌로 변해 있었다.

주민들은 댐을 오래 비우면서 물고기를 잡을 수 없게 되자 거북등처럼 갈라지거나 먼지만 풀풀 날리는 파로호 개활지에 옥수수와 콩을 심기 시작했다. 옥수수를 심는 주변으로는 그

북한이 북한산댐을 건설하면서 물길을 차단해 버린 북한강 상류지역이 거북등처럼 메말라 갈라졌다. 2001. 5.

주저앉은 파로호 어민들의 배. 정부가 북한 금강산댐
이 붕괴될 경우에 대비해 화천 파로호 물을 빼 버리자
어민들의 배가 강변에 주저앉아 있다. 2002. 4.

물과 모터보트가 그대로 주저앉아 처음 보는 사람들은 밭에 왜 모터보트를 끌어다 두었느냐
는 의구심이 들 정도였다. 그러나 갯벌을 트랙터로 갈고 씨앗을 뿌린다고 해도 비료값과 씨
앗값 등을 제하고 나면 별다른 이익은 남지 않을 듯했다. 2대째 이곳에서 고기잡이를 해온
고현재 씨는 "물고기들이 알을 놓은 수초들이 모두 말라 버려 당장 물을 채운다고 해도 회
복되기 힘들 것 같다"고 걱정했다.

　주민들은 과거 금강산댐에 대응하기 위한 평화의 댐 1단계 증축공사를 시작할 때에도 정
부가 물을 빼버려 한동안 고기를 잡지 못한 경험이 있었다. 낚시터나 고기잡이에 의존해 오
던 주민들은 자녀의 학비와 생활필수품을 구입할 용돈마저 구할 길이 없어지자 녹음이 짙어
지는 5월의 산등성이를 타며 고사리나 더덕과 같은 약초를 캐러 나갔고 젊은이들은 막노동

판을 찾아 떠났다. 그러나 나이든 노인들은 힘이 부쳐 젊은이들처럼 호수바닥에 나가 농사 일을 하기에도 어려웠다.

상무룡리뿐만 아니라 비무장지대에서 내려오는 맑은 물로 인해 전국 제일의 청정 낚시터로 꼽히고 강태공들로 넘쳐 났던 파로호 전지역의 낚시터들은 사람의 발길이 뚝 끊기고 낚시 좌대는 갯벌 위로 주저앉았다.

금강산댐 담수 현장이 눈에 보일 정도로 진척되고 북한강을 내려오던 물줄기가 줄어들면서 발생한 문제를 남북한이 협의해야 한다는 취지에서 시작한 물의 날 특집이 금강산댐 붕괴 우려로 비화된 것은 아닌가 하는 자괴감이 들었다.

그날 사막처럼 변해 버린 강바닥으로 차를 몰자 먼지가 차량 앞뒤를 뿌옇게 에워싸는데 시야를 가리는 것은 내가 이들의 불행에 일조를 하지 않았나 하는 자책감에서 나오는 눈물이었다.

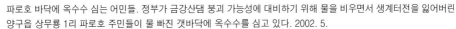

파로호 바닥에 옥수수 심는 어민들. 정부가 금강산댐 붕괴 가능성에 대비하기 위해 물을 비우면서 생계터전을 잃어버린 양구읍 상무룡 1리 파로호 주민들이 물 빠진 갯바닥에 옥수수를 심고 있다. 2002. 5.

전쟁이 남긴 것은 휴전선이라는 장애물뿐만 아니라 그 바로 아래에서 사는 주민들을 삶의 변방지역으로 떨어뜨려 버리고 겨우 먹고 살 만한 터전까지 빼앗아 버리는 것이었다. 냉전시기라면 어쩔 수 없겠지만 남북교류가 시작되는 시기에도 이런 현상이 벌어지는 것은 아직 그 전쟁이 끝나지 않았다는 것을 보여주는 증거였다.

화천댐이 비워지면서 피해를 본 것은 양구 상류지역뿐만 아니었다. 화천댐 주변도 평소 75미터에 달하던 수위가 25미터 가량으로 떨어져 고기가 전혀 잡히지 않았고 횟집을 찾던 관광객들도 금강산댐 사태를 접한 뒤 발길을 끊어 버렸다. 화천군 새마을 양식계 소속 31명의 어민들은 쏘가리가 전혀 잡히지 않자 손을 놓아 버렸고, 물고기들이 산란해 놓은 댐 가장자리는 황량하게 메말라 버렸다.

그러나 화천댐 비우기와 관련해 한번 물을 뺀 호수가 원상복구되는 것은 사실상 어렵고 오랜 기간이 걸린다는 것이 전문가들의 견해다. 환경부지정 강원지역 환경기술개발센터 안태석 소장(강원대 환경학과 교수)은 평화의 댐 공사를 실시하기 위해 1987년 화천댐 물을 빼버리자 이곳 특산종인 동자개가 모두 사라졌다 2001년부터 조금씩 잡히기 시작한 것으로 미뤄 다시 물을 채우더라도 생태계가 살아나기 위해서는 10년 이상 걸릴 것으로 내다봤다. 그는 "화천댐에 일부 물이 고여 있고 물고기가 남아 있어 담수만 재개되면 쉽게 복원될 수 있다는 생각은 자연생태계를 전혀 모르는 위험한 발상"이라며 "산란처가 노출된 쏘가리의 산란환경을 조성하기 위해 돌더미를 만들어 주거나 빙어 치어를 확보하기 위해 인공적으로 물웅덩이라도 파주는 것이 시급하다"고 충고했다.

6. 북한의 금강산댐 방류

2001년 5월 31일 북한은 장마철을 앞두고 동포애와 인도주의 정신에서 '일정한 양'을 방류하겠다고 갑자기 통보해 왔다.

북한이 말하는 임남언제(금강산댐)에서 내려보낸 첫 물줄기는 6월 3일 오전 11시 15분께 북한강 상류 최전방 관측소에서 목격되기 시작해 오후 3시께 바닥이 죽죽 갈라져 가던 평화의 댐에 도착했다. 38킬로미터를 달려온 물줄기는 마치 봄철의 흙탕물처럼 거품을 일으키며 메말라 가던 북한강을 예전의 모습으로 바꿔 놓았다. 강바닥에서 올라오는 먼지를 뒤집어쓰

북한 금강산댐 방류. 북한이 인도주의 차원에서 금강산댐의 수문을 개방하면서 내려온 물길이
평화의 댐 상류를 뒤덮고 있다. 2002. 5.

금강산댐 방류로 되살아난 북한
강. 북한이 막아 버린 금강산댐 물
을 방류하면서 평화의 댐 상류지
역이 잠시나마 옛 모습으로 되살
아나고 있다. 2002. 5.

고 있던 강변의 야생화들도 금세 활기를 되찾았다.

초당 150톤 가량 유입된 물줄기는 모두 지름 10미터짜리 평화의 댐 도수관을 통해 화천댐으로 빠져나갔다. 모처럼 북한강의 옛 모습을 되살렸던 이번 방류는 6월 27일 오전 8시 평화의 댐 유입량이 30톤으로 떨어지면서 사실상 끝났다. 총 유입량은 3억3천100만톤으로 집계됐다. 그리고 북한강은 다시 실개천 수준으로 되돌아갔다.

이번 방류량은 지난 겨울 북한이 예고없이 방류해 겨울홍수 현상을 발생시켰던 3억5천만톤에 육박하는 것으로, 그해 태풍으로 금강산댐이 붕괴될 수 있다는 우려를 불식시킬 수 있었다.

7. 도토리 줍는 파로호 어민들

정부가 물을 빼버려 옥수수와 콩을 심었던 양구 상무룡1리를 추석을 앞두고 찾았을 때 마을은 적막하기만 했다. 젊은이들은 공사판으로 나가고 일거리를 구하지 못한 주민들은 도토리나 송이를 채취하기 위해 집을 비웠기 때문이다. 그러나 도토리를 주워도 구입하는 사람들이 거의 없고 한창 돈이나야 하는 송이도 작황이 좋지 않아 그들은 추석상을 차릴 엄두를 내지 못하고 있었다. 강바닥에 심어 놓았던 옥수수와 콩은 정부가 파로호를 비우기로 발표한 뒤에 심은 것이어서 아직 수확할 시기도 아니었다.

파로호의 물이 말라 생계에 타격을 받아온 주민들은 동해안에서 태풍 루사 때문에 막대한 피해가 발생한 상황이어서 정부의 도움을 호소할 수 있는 형편이 아니었다. 다시 10월 중순께 이 마을을 찾았을 때 마을 밑에 있는 호수바닥 개활지로는 누런 고랑이 물결치고 있었다. 주민들이 자구책으로 심어 놓았던 옥수수 수확을 시작한 것이다. 정상적인 파종 시기에 뿌린 씨앗이 아니다 보니 수확량은 기대만큼 많지 않아 보였고, 옥수수를 심기 위해 들어간 장비 임대료, 씨앗값, 인건비도 생산된 옥수수에서 지급해야 했다.

정부에 피해 보상을 요구해 온 주민들은 파로호에 물을 다시 채워져야 살아갈 수 있는 방도가 생긴다고 입을 모았다. 2002년 9월 파로호 주변 양구와 화천 주민들의 생계수단이 끊어지자 국민고충처리위원회는 건설교통부에 피해보상을 권고했으나 피해보상을 위한 용역조사를 실시한 뒤 보상을 한다는 입장이어서 2003년 가을까지 기다리는 수밖에 없게 됐다.

화천읍 동촌리 등 파로호 뱃길을 이용하던 주민들은 물길이 끊어지면서 통행에 불편을 겪자 아예 양구 방산면 등지로 나가 10만원짜리 월세를 사는 경우도 발생했다. 파로호 주변 상가들도 이미 5-6개월씩 가게세를 내지 못하고 있었으며, 전기료와 전화비까지 체납돼 시달려야 했다. 빚독촉을 이기지 못한 어촌계장은 타지로 몰래 도망가야 했다.

생활고에 몰린 주민들은 시위를 벌이고 대전 한국수자원공사를 찾아가 항의 농성을 벌이는 등 집단행동에 나섰으나 주민들이 요구하는 피해보상과 파로호 회생대책은 나오지 않고 있다.

화천댐 방류가 이뤄진 지 2년째로 접어든 2003년 4월, 강원도가 피해를 본 화천·양구지역 177가구 528명에게 가구당 평균 122만원의 생계비를 지원하고 중·고등학교에 다니는 학생

파로호 바닥서 옥수수 수확하는 주민들. 정부가 금강산댐 붕괴 가능성에 대비하기 위해 물을 비우면서 생계터전을 잃어버린 양구읍 상무룡 1리 파로호 어민들이 갯바닥에 심어 두었던 옥수수들을 수확하고 있다. 2002. 10.

에 대해서는 1인당 20만원을 주기로 했을 뿐이다.

정부는 2003년 북한 금강산댐이 붕괴되지 않은 한 사실상 소용이 없는 금강산댐 2단계 공사를 본격적으로 재개됐다. 북한이 전력을 생산하기 위해 남쪽으로 내려가던 북한강 물줄기에 금강산댐을 세우면서 시작된 수자원 갈등 문제는 정치적으로 이용되면서 평화의 댐을 만들어냈고, 2002년의 금강산댐 이상징후 뒤에는 댐 높이를 45미터 올리는 2단계 공사로 이어졌다. 남북이 분단상황에서 같은 물줄기에 경쟁적으로 만든 금강산댐과 평화의 댐 가운데 하나는 통일 뒤 휴전선과 함께 쓸모없는 대표적인 분단의 산물로 전락할 것이다. 그렇지만 분단으로 인해 쏟아 버린 천문학적인 돈과 주민들의 생계까지 막아 버린 과거사는 지울 수 없을 것이다.

이제라도 금강산댐의 안전문제를 남북한이 공동으로 점검하고 분단 50년 만에 끊어져 가는 물줄기를 회복하는 노력이 필요하다. 하지만 이미 북한이 만들어 놓은 댐을 해체할 가능성은 희박하기 때문에 그 물줄기를 일정한 수준으로 내려 보낼 수 있도록 하는 수자원 공유 방안에 치중할 필요가 있다.

수자원 단절문제는 이미 60년대 후반 북한이 강원도 철원평야로 내려오던 봉래호의 물꼬를 돌려 버리면서 예상됐던 것으로, 이제는 북한강뿐만 아니라 임진강 유역에서도 가뭄과 홍수문제로 번지고 있다.

8. 임진강 상류의 북한댐

2002년 12월, 북한이 임진강 상류인 황해북도 토산군 황강리에 저수량 3억~4억톤으로 추정되는 '황강댐'을 건설하고 있는 것으로 알려지면서 경기도 파주와 연천지역 주민들도 술렁거리기 시작했다.

북한이 2001년 3월 완공시킨 4월 5일 댐이 희미하게 모습을 드러내면서 갑자기 물부족을 겪고 방류 피해를 본 어민들에게는 황강댐이 또 하나의 불안한 존재일 수밖에 없을 것이다. 휴전선에서 그리 멀지 않은 북녘에 2개의 발전용 전용댐을 만든 뒤로 임진강에서는 수위가 네 번에 걸쳐 내려가는 기현상이 발생했다. 큰 비가 내리지 않은 경우에도 많은 물이 쏟아져 강에 쳐 놓은 통발과 같은 어구를 쓸어 버렸다.

주민들의 하소연은 연천군 군남면 지역의 하천을 둘러보면 고개를 끄떡거릴 수밖에 없다. 평소 어른 키만큼 깊고 푸르렀던 임진강은 눈에 띠게 수위가 낮아져 쉽게 건널 수 있는 지점이 드문드문 노출되고 있기 때문이다.

임진강에서 황복과 참게를 잡아오고 있는 어민들은 강바닥이 드러나면 참게 등의 서식처가 훼손될까 전전긍긍하고 있다. 서해의 참게가 임진강 물길을 타고 상류로 올라와 성게로 자라 파주와 연천지역의 어민들의 소득원이 되는데 이미 연천에서는 그 씨가 말라가고 있다. 예고없이 밀어닥치는 물은 치어들을 휩쓸고 내려가면서 임진강에서 다양한 어족자원들이 줄어들게 하고 있다.

황강댐은 북한이 휴전선 북방 42.3킬로미터 지점 임진강에 터널과 댐 기초공사를 시작했다는 이야기를 통해 알려지게 됐다. 주요 기능은 예성강으로 물길을 돌리는 방식으로 발전을 한 뒤 개성공단에 공업용수를 공급하기 위한 것으로 보인다. 북한 조선중앙방송은 1999년 11월 "황해북도에서 발원해 서해로 흘러드는 예성강에 예성강발전소를 건설하고 있다"며 "황강발전소와 예성강 1-5호 발전소로 이뤄진 예성강발전소는 황강리에 둑을 쌓고 임진강 물을 예성강으로 끌어들여 10만 킬로와트의 전기를 생산하도록 설계됐다"고 보도한 바 있다. 아울러 1999년 4월 착공한 이 발전소가 완공되면 사리원시 등 황해북도 지역의 전기를 공급하고 황해남도 연백벌의 관개용수 문제가 원만히 해결될 것으로 내다봤다.

강물은 식수나 공업용수뿐만 아니라 오염원을 희석시켜 생태계를 보존하는 유지수 역할도 하는데 임진강에서 물이 줄면 결국 수질을 악화시키는 부작용을 피할 수 없을 것이다.

함경도 마식령에서 시작해 비무장지대를 관통, 파주시 탄현면 성동리에서 한강과 합쳐지는 길이 244킬로미터의 임진강은 연천 주민들에게 먹는 물과 농업용수를 대주는 젖줄인데 분단이 고착되다 보니 물길마저 들쭉날쭉하는 사태가 벌어지게 됐다. 또 북한강 상류의 금강산댐(임남댐)이 어려운 경제 형편 속으로 노동력에 의존해 만들어지면서 붕괴 우려까지 제기됐던 것처럼 황강댐도 안전상에 문제가 있을 경우 대규모 홍수 피해가 우려된다.

정부는 황강댐 때문에 물길이 차단되면 연간 2억9천300만톤의 용수가 부족해질 것으로 보고 북한과 평화적 협상이 어려울 경우 임진강 하류의 7천만톤 규모의 군남 홍수조절지를 2억톤 규모까지 확대하고 파주·연천지역의 용수부족을 해결하기 위해 2005년까지 450억원을 투입해 수도권 광역상수도 관로를 연장시킨다는 대책을 세우고 있다.

그러나 임진강 하류인 문산지역에서 상습적으로 반복되는 수해를 방지하기 위해 북한과 추진하는 협상도 크게 기대할 것이 없을 것으로 보인다. 2002년 여름, 금강산댐이 여름철 홍수로 인해 붕괴될 수 있다는 문제가 제기되자 정부는 북한과 협상보다 평화의 댐 남측 사면을 우선적으로 보강하는 방법을 선택했던 것이다. 북한은 인도주의 정신이라며 홍수 이전에 물을 남쪽으로 내려보내는 방식으로 빼버려 우려했던 상황은 벗어났지만 남측은 안전비용으로 보기에는 막대한 비용을 계속 쏟아붓고 있다.

이어 평화의 2단계 보강도 남북한 협상에 중점을 두라는 여론이 있었지만 북한 금강산에서 열린 협상에서 진전은 없었다. 북한이 협상에서 어떤 자세를 보였는지는 정확히 알 수 없지만 우리측 대표로 참석한 건설교통부 관계자는 댐을 하나라도 더 짓는 정책을 해온 사람이지 협상을 통해 댐을 포기하는 일을 해온 사람은 아니었기 때문이다.

매년 물의 날이면 한국이 대표적인 물부족 국가이며, 수도권의 모자라는 물을 확보하기 위해 더 많은 댐을 세워야 한다는 소모성 이야기까지 나오고 있는 상황에서 수도권 시민들에게 물을 공급하는 북한강과 인근 임진강까지 북한댐에 의해 단절되는 것은 남북한이 이제 '물전쟁'으로 넘어가고 있음을 예고하고 있다.

아마 휴전선 철책보다 더 오래갈 것이 저 금강산댐과 대응댐인 평화의 댐일 것이다. 2002년 가을에는 양구 북방 휴전선뿐만 아니라 화천 최전방 백암산에서도 금강산댐의 본체와 여수로를 육안으로 관측할 수 있다는 사실을 알게 됐다. 그렇지만 양구 북방 담수지역이 남북한 수자원 공유문제보다 평화의 댐만 증축하는 구실만 주었던 전례를 볼 때 이번에는 그냥 넘어가기로 했다. 어차피 2003년 정도면 금강산댐 여수로를 이 지점에서 볼 수 있다는 사실을 모두 알게 될 것이지만 평화의 댐 증축공사에 힘을 실어 주고 파로호 주민들의 생태를 더 이상 틀어막아서는 안 되기 때문이다.

5천년 동안 남북한을 흐르던 하천이 분단 50년 만에 민족간 분쟁의 요소로 떠오르고 있는 시점에서 냉전시대와는 달리 이를 교류와 협력의 장으로 바꾸는 과제가 절실해지고 있다. 그것이 휴전 이후 물길까지 가로막는 경쟁을 벌이고 있는 현세대들이 해야 하는 최소한의 도리일 것이다.

9. 비운의 휴전선 문화유적

6·25전쟁으로 휴전선 지역의 문화유적도 사람들만큼 분단 공간에 갇히거나 피할 수 없는 수난을 강요당했다.

분단의 포로가 된 전방유적을 이야기할 때 대다수 철원 풍천원 DMZ 궁예도성을 대표적인 예로 들며 "부하에게 쫓겨난 비운의 왕이 어쩌다 후세에도 비무장지대에 갇히는 신세가 됐을까" 라는 궁금증을 제기한다. 궁예도성은 후삼국시대부터 근대 및 현대사를 이어 주는 좋은 이야기거리가 분명하며, 사학자들도 남북한 문화재 협력대상 1호로 꼽고 있다.

하지만 궁예도성은 유엔군사령부가 관할하는 비무장지대 수풀에 갇혀 있는 미답지역인 데다 분단으로 고통받아 온 나머지 유적들도 결코 무시하거나 가볍게 볼 수 없다. 휴전선 지역 문화유적은 유명한 궁예도성부터 제기되지만 문제는 여기에서 더 이상 진전되지 못하면서 다른 문화유적이 소외되는 것이 현실이다.

전쟁이 힘없고 가난한 사람들에게 더 큰 고통과 슬픔을 안겨 주었듯이 문화유적의 경우도 호사가들이 좋아할 만한 이름높은 문화유적이나 특정지역만 피해를 본 것이 아니다. 그래서 가치가 제대로 전달되지 않았거나 작은 문화유적이라도 그 사연을 살펴볼 필요가 있다.

1. 탱크 저지 임무

파로호 상류가 내려다보이는 양구읍 선사박물관을 찾으면 근엄한 얼굴을 하고 있는 독특한 형태의 큰 돌을 발견할 수 있다. 현재는 고인돌과 비슷한 시기에 만들어진 선돌로 간주해

탱크 방어용으로 사용된 선돌. 적의 탱크를 막기 위한 용도로 사용되다 최근 양구 선사박물관으로 옮겨진 선돌로 추정되는 유적. 고인돌과 비슷한 시기에 만들어진 이 선돌은 저 별빛만큼이나 오랫동안 이 땅의 사연들을 지켜봤을 것이다. 2001. 11.

대접하고 있지만 얼마 전까지 남면 가오작 1리 탱크 방어선에서 적 탱크를 저지하기 위한 임무를 띠고 있었다.

이 지역 탱크 방어선은 휴전선 평야지대에 축조된 '필승장벽' 등의 남방한계선 구조물과 달리 해자 같은 옛날 토성과 비슷한 구조를 갖추고 있다. 이것도 분단된 이 땅에서만 태어날 수 있는 독특한 형태의 현대판 관방유적이다. 과거 토성으로 마차가 다녔다면 이곳은 군부대 작전차량이 주로 통과하고 수문장 대신 안전병이 지켰던 점이 조금 다를 뿐이다.

이 안전병은 구조물을 통과하는 도로가 워낙 가파르게 만들어지다 보니 오가는 차량들이 충돌하는 것을 막기 위해 수신호를 하는 역할을 맡았다. 안전병이 묵었던 탱크 방어선 초소 아궁이에서는 마을 아이들이 건빵과 바꿔 먹기 위해 부모 몰래 가지고온 고구마나 감자가 겨울철마다 구워졌다. 탱크 방어선 안전병 초소에서 벌어졌던 이러한 모습은 88서울올림픽을 개최하기 위해 도로의 경사도를 낮추고 폭을 넓힌 뒤 사라져 버렸다.

관방유적은 적의 침공을 저지하기 위해 만들어 놓았던 구조물로 대표적인 사례가 산성과 토성이다. 이 탱크 방어용 구조물은 현대 지상전에 대비하기 위해 1킬로미터가 넘는 둑을 쌓은 뒤 수백 개의 바위를 듬성듬성 올려놓고 그 사이로는 아카시아 나무를 심어 놓았다.

선사박물관 앞에 있는 선돌은 원래 가오작 2리 광치령 산골짜기에 있던 것으로 1970년대 초반 이 전차방어선을 만들 때 군인들이 기중기로 들고 왔다.

주민들은 전차 방어선에 심어 놓은 아카시아 나무들이 시원한 그늘을 만들어내면 길이 250센티미터, 폭 150센티미터, 높이 85센티미터 규모의 이 선돌 위에서 둘러앉아 수박을 먹으며 더위를 식혔다. 소를 끌고 오는 아이들도 기괴한 성혈처럼 생긴 선돌의 눈에다 쑥을 뜯어 넣고 찧어 가며 심심풀이를 했다. 이곳은 몇 개의 고인돌들이 더 발견돼 '고인돌 군락지'

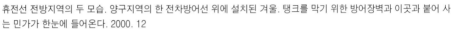

휴전선 전방지역의 두 모습. 양구지역의 한 전차방어선 위에 설치된 겨울. 탱크를 막기 위한 방어장벽과 이곳과 붙어 사는 민가가 한눈에 들어온다. 2000. 12

라는 간판을 달면서 더 이상 소를 방목할 수 없는 관광지로 조성됐다.

선돌 추정 돌이라고 말할 수밖에 없는 점은 이미 양구군이 선돌로 보는 고고학적 견해를 기정사실화해 버렸기 때문이다. 그러나 민속학적인 관점에서는 호랑이에 의해 피해를 본 사람을 묻어 두고 이 육중한 돌에 무서운 얼굴을 새겨 호랑이를 조심하라고 경고하던 호식총으로 보고 있다.

호식총이든 선돌이든 쇠붙이를 다룰 수 있었던 철기시대 이후에 만들어졌을 이 문화유산도 분단으로 인해 원래 위치를 떠나야 했으며, 적의 탱크 궤도가 타넘지 못하도록 막는 임무를 수십 년 이상 떠맡아 온 것이다.

문화유산을 돌볼 수 있었던 시절도 아니었으니 우리 민족이 만들어낸 분단상황에 그 책임을 돌릴 수밖에 없다.

2. 삼신사지 석불

철원군 김화읍 운장리 민통선 야산에는 전쟁을 겪은 석불 하나가 밭 가운데 서 있다. 높이 255센티미터, 폭 116센티미터, 두께 28센티미터의 화강암 판석 앞면에 새겨진 불상은 총탄을 맞은 몸과 목, 얼굴 부위가 시멘트로 대충 메워져 있다. 과거 삼신사라는 절이 있었던 곳으로 알려져 삼신사지 석불입상으로 불린다.

현재도 민통선에 갇혀 있어 외지인들은 불상의 존재조차 알지 못하고 있으며 인근의 주민들이나 가끔 박카스병이나 막걸리병을 들고 와 소원을 빌고 가는 정도다. 이 석불입상은 현재 와수리 방면을 바라보고 있으나 원래는 달이 뜨는 방향인 천불산(584.8m) 방면을 향하고 있었다.

고려시대 만들어졌던 것으로 추정되는 이 석불에

전쟁을 거치면서 총탄투성이로 변한 철원군 김화읍 읍내리 삼신사지 석불. 이 석불은 전쟁 뒤 군인들이 부대 조경용으로 옮겨 놓았다가 인명사고가 속출하자 다시 가져다 놓았다. 2002.

대해 주민들이 전하는 사연은 이렇다. 6·25전쟁 이후 폐허 속에 방치돼 있던 불상을 군인들이 조경용으로 부대로 옮기자 인명사고가 발생하는 이상한 일이 벌어져 다시 가져다놓을 수밖에 없었다. 하지만 경황이 없다 보니 원래 방향까지 고려하지는 못했던 모양이다.

지금도 참나무가 자라고 있는 돌부처 주변에는 절의 지붕을 덮었던 기와조각들이 무수히 발길에 걸린다. 산을 등지고 동쪽을 향하고 있는 이 불상 앞으로는 북한에서 발원해 비무장지대를 빠져 나온 남대천이 흘러가고 가끔 순찰병들의 발길만이 정적을 깨뜨린다.

3. 미확인 지뢰밭에서 드러난 성재산성

2000년 5월 17일 수요일 오후, 북한 오성산을 올려다보며 휴전선 순찰도로를 따라 한참만에 도착한 철원군 김화읍 읍내리 성재산(471m) 정상에서는 일반 발굴현장과 다른 철제품들이 5월의 따사로운 햇빛을 받고 있었다. 이 자리는 육군사관학교 박물관 조사단이 최전방 군사통제지역에 갇혀 있던 성재산성 지표조사 결과를 공개하기 위해 마련한 현장보고회였다.

먼저 북한 지뢰 한 발을 비롯해 중기관탄 총알, 포탄류, 남·북한 대검, 탄통, 탄알띠 등 그동안 땅속에 묻혀 있다 발굴된 6·25전쟁 당시의 장비들이 전시돼 있었다. 공방전을 벌이던 남북한 무기들뿐만 아니라 아직 알파벳이 희미하게 보이는 미제 맥주깡통도 한쪽 공간을 차지하고 있었다. 그 옆으로는 고려시대에서 조선시대에 걸쳐 사용됐던 질그릇 등 다양한 회청색 경질토기와 황색 연질토기가 누워 있었고 분청사기, 청자, 백자 조각 들이 눈에 들어왔다.

고려-조선시대에 걸친 토기와 기와조각이 주종을 이뤘지만 삼국시대까지 올라가는 유물도 일부 수습됐다. 성재산성은 미확인 지뢰밭에서 삼국시대, 고려시대, 조선시대뿐만 아니라 현대사의 유물까지 끌어안고 있는 야외 역사박물관이란 사실이 새롭게 드러났다.

성재산성은 1530년 발간된 『신증동국여지승람』부터 그 기록이 나오고 현대에 들어서도 철마(길이 8cm, 높이 4cm) 한 점까지 수습됐으나 민간인들의 자유로운 출입이 불가능한 휴전선과 비무장지대에 걸쳐 있다 보니 잊혀진 셈이다. 그래서 1995년 국립유적조사실 조사와 이번 지표조사를 통해 세상에 재등장하는 결과가 됐다.

유적조사 과정에 대한 설명이 끝나고 현장답사에 들어갔는데 2년 전 봄에 방문했을 때에

비무장지대가 말라리아 온상으
로 떠오르고 있는 가운데 강원
도 철원군 기마읍 북방 비무장
지대 성재산성 우물터 주변에
수도시설이 폐쇄돼 있다.

비해 지표조사를 위한 수풀 제거 작업이 이뤄져 윤곽이 분명히 드러났다. 당시는 어느 곳에 도사리고 있을지도 모르는 미확인 대인지뢰에 대한 걱정 때문에 무너져 내린 석축만 징검다리처럼 밟고 가야 했었다.

50여 년간 방치돼 있던 성재산성은 20-30미터까지 자란 나무의 뿌리들이 화강암과 변성암, 판암 등의 면석으로 만들어진 성의 틈새를 비집고 들어가며 심각하게 훼손시키고 있었다. 그래도 풍화작용으로 무너져 가던 석축 사이로 두릅이 퍼지고 하얀 조팝나무들이 꽃망울을 터트리는 모습은 이곳만이 간직하고 있는 긴장감 속의 아름다움이었다.

인근 남쪽마을 논밭을 뒤덮고 있다 봄바람을 따라 북으로 넘어가던 중 석축 위 나무에 걸려 버린 비닐조각이나 과자봉지들은 과거 성에 거주하던 병사들의 창에 매달린 깃발처럼 펄럭거렸다. 여러 종류의 과자봉지들은 그동안 바람을 타고 비무장지대로 날아들거나 북녘으로 날아가 이남의 생활상을 단편적으로 전하는 전령사 역할을 해왔을지도 모른다.

성재산성 현대사 발굴 유물. 삼국시대부터 존재해 온 철원 성재산성에서 발굴된 미제 맥주캔(가운데) 등 6·26전쟁 유물들. 2000. 5.

삼국시대까지 거슬러올라가는 성재산성은 성재산 해발 391미터에서 468미터 사이 8부능선을 따라 만들어진 천연요새로, 둘레는 982미터다. 각 시대 특성을 보여주는 기와조각들이 발견된 점으로 미뤄 그 시대마다 보수해 사용한 것으로 보인다. 건물지에서 발굴된 토기·청자·백자 조각은 사람들이 이곳에서 오랜 기간 거주하며 잦은 전쟁을 벌이지 않았나 하는 추론을 하게 했다.

하지만 성재산성이 남북한에 흩어져 있는 다른 산성과 구별되는 가장 큰 특징은 분단의 산물인 민통선 지역과 비무장지대에 걸쳐 있다는 점이다. 그래서 이곳에서 복무한 초병들을 제외하고는 아직까지 둘러본 사람은 손에 꼽을 정도다. 민간인들의 발길이 미치기 어려운 최전방에 남아 있다는 점도 이 성이 겪은 고난의 역사를 대변한다.

조상들도 이곳에서 한반도 중앙의 길목을 차지하기 위한 격전을 벌였지만 50년 이상 불침번을 바꿔 가며 경계근무를 서는 사람들은 오늘날 우리 젊은이들밖에 없을 것이다. 지금도 사용할 수 있는 두 곳의 우물터와 정상 부근의 평지, 서쪽벽 일대의 여섯 곳의 건물지에서 선조들이 창검을 갈았다면 우리의 젊은이들은 콘크리트 GP에서 북한과 대치하는 현실이 과거와 비슷하면서도 다를 수밖에 없는 특징이다. 우물은 DMZ와 민통선 지역에서 최근 기승을 부리는 말라리아 매개 모기의 서식지가 될 수 있다고 판단돼 사용하지 않고 있으며, 드럼통을 잘라 만든 세면시설도 폐쇄돼 버렸다.

성재산성 석축은 휴전선 지역의 보급로를 만드는 과정에서 파헤쳐졌으며, 그 잘려 나간 단면은 곳곳에서 분명하게 속살을 드러낸다. 정상 부위의 석축도 전쟁을 거치고 군사시설물이 들어서 원형을 찾기 어려울 정도로 변해 버렸다.

지표조사 결과 성재산성은 삼국시대 한반도 중부권의 전투양상을 엿볼 수 있는 축성양식이 남아 있고 남북이 대치하고 있는 휴전선에 걸쳐 있는 점 등을 종합해 볼 때 더 이상 훼손되지 않도록 문화유적으로 지정할 가치가 높았다. 앞으로 관광객들이 접근할 수 있는 방안이 마련된다면 삼국시대부터 현대사까지의 질곡이 얽혀 있는 성재산성은 전쟁이 문화재에 어떤 영향을 미치는지 똑똑히 가르쳐 주는 교과서가 되리라.

227

4. DMZ에 갇힌 전골총

성재산성이 처한 안타까움을 안고 철책선을 따라 내려오면 더욱 기가 막힌 사연이 숨어 있는 대형 봉분이 모습을 드러낸다. 폭 30미터, 높이 7미터 규모의 무덤인데 양팔을 벌린 듯 산등성이로 펼쳐져 있는 휴전선 철책선이 비무장지대를 향해 이 무덤을 에워싸고 있어 50년 동안 후손들이 발을 들여놓을 수 없는 곳이다.

신라 경순왕의 무덤도 경기도 연천군 서부전선 인근 민통선 지역에서 임진강을 바라보며 누워 있지만 후손들의 발길은 미치고 있는 점에서 이 전골총만큼 그 운명이 기구하지는 않을 것이다.

전골총 가운데에는 묘비를 연상케 하는 나무 한 그루가 정갈하게 서 있고 주변 버드나무 수풀에서는 고라니들이 슬금슬금 나타났다 모습을 감춘다. 현재 유골 1천여 구가 집단으로 묻혀 있는 것으로 추정되는 이 전골총이 만들어진 계기는 병자호란을 거치면서부터다.

1636년(인조 14년) 청나라 태종이 10만 대군을 이끌고 남침하자 당시 평안도 관찰사인 홍명구(1596-1637)와 평안도 병마절도사인 유림(1581-1643년)이 근왕병 2천여 명과 김화지역 의용병 300명을 모집해 싸우다 1637년(인조 15년) 1월 28일, 1천여 명의 전사자를 냈다. 인조반정 이후 등용된 홍명구는 병자호란이 일어나자 평양 인근 자모산성에서 삼등, 수안, 이천 등을 거쳐 남하해 이 전골총 인근 탑동전투(현재 DMZ 탑골 부근)에서 전사했다. 이후 김화 현령 이휘조가 1637년(인조 15년) 전투현장 인근의 유해들을 몇 곳에 가매장하고 1645년(인조 23년) 김화 현령 안응창이 현재 DMZ로 들어간 성재산 기슭(310.7m)에 모아 대형 봉분을 만들면서 전골총으로 불리게 됐다.

김화 유림과 유족들은 매년 1월 28일을 제사일로 정해 제향을 지내왔으나 6·25전쟁 이후 휴전선이 설치되면서 더 이상 전골총을 찾을 수 없게 됐다. 홍명구의 충렬비는 1645년(인조 23년) 김화읍 향교골에 세워졌는데 6·25전쟁으로 총탄 흔적이 아직도 역력하다. 1652년(효종 3년)에 건립된 그의 사당도 6·25전쟁 속에서 전소됐으나 1998년 원래의 위치에 복원됐다.

병자호란 때 홍명구보다 북쪽에 해당되는 백동산 지역(현 백덕리 399m고지)에서 청군을

철책선으로 둘러싸인 전골총. 6·25전쟁 이후 철책선 너머 DMZ에 갇히면서 후손들의 발길이 끊어진 철원 전골총. 2000. 5.

무찌른 유림은 뒷날 좌의정까지 오르게 됐고, 그의 대첩비도 홍명구 충렬비와 같은 해에 세워졌다. 청군에 대항하는 과정에서 생사는 달리했어도 충렬비와 대첩비는 같은 위치에 있으며 총탄 흔적으로 얼룩진 채 민통선에 갇혀 있는 운명도 비슷하다.

학계에서는 전골총이 철책선과 근접 거리에 있는 만큼 일부를 절개하는 방법으로 상석을 확인할 필요가 있다는 주장을 제기하고 있으며, 철책선을 일부 북상시키는 방안도 조심스럽게 제기하고 있다.

홍명구의 충렬비로 가기 위해서는 민통선 출입절차를 밟아야 가능하며, 충렬비 인근에는 6·25전쟁 때 북한군이 사무실 등으로 사용하던 지하방공호가 아직도 그대로 남아 있다. 그의 충렬비가 있는 곳에서는 철옹성 같은 아군의 최전방 보류인 계웅산 OP가 산성처럼 보인다.

성재산성과 전골총, 그리고 현대사의 유물인 계웅산 OP는 이 지역이 오래 전부터 전략적 요충지였다는 것을 보여주고 있다. 하지만 언젠가 휴전선이 걷히고 저 OP도 현대사의 유적으로 전락하는 날이 되어야 전골총에 묻힌 영령들도 진정한 평화를 찾을 수 있을 것이다.

5. 풍천원 궁예도성

철원군 철원읍 홍원리 DMZ 풍천원에는 궁예가 도읍을 정하고 905년에서 918년까지 군림했던 도성이 묻혀 있다. 일제시대까지 내성과 외성의 이중구조가 남아 있었다는 궁예도성은 월정리전망대에서 내려다보이는 아카시아 잡목 속에 갇혀 있었다.

일제시대에 건설된 경원선은 그 궁예도성을 관통해 원산까지 달렸던 것으로 알려지고 있으나 현재는 월정리전망대가 서 있는 남방한계선 주변에 시뻘겋게 녹슨 채 삭아 가고 있다.

남북교류가 추진되고 서부 경의선과 동해북부선 공사가 2002년 시작되면서 철원 주민들은 경원선 복원공사를 학수고대하고 있다. 또 궁예도성은 피해를 보지 않도록 일제시대 경

궁예가 최후를 마친 것으로 전해지고 있는 철원 명성산 기슭에 군항공기가 투하한 것으로 보이는 폭발물 아래로 야생화인 용담이 자라고 있다.

원선과는 다른 노선으로 설계해야 한다는 목소리도 들려오고 있다. 그러나 궁예도성은 비무장지대를 알리는 남방한계선에서 매번 발길을 멈출 수 없기 때문에 현지 확인은 불가능한 상태다. 특히 DMZ 군사분계선 너머에도 도성이 자리잡고 있었기 때문에 현장조사에는 북한의 협조가 필수적이다. 걱정은 6·25전쟁 당시 철의삼각지 전투가 벌어진 격전장이었던 만큼 비무장지대에 자리잡고 있는 그 도성도 일제시대 알려졌던 것보다 더 피해를 당하지 않았을까 하는 것이다.

궁예도성의 역사적 가치가 결코 낮은 것은 아니지만 깊이있게 소개할 수 없는 이유는 그곳이 분단으로 인해 직접 가보고 확인할 수 없는 남방한계선 북방에 있기 때문이다. 그리고 민간인들의 발길이 차

궁예가 철원 풍천원에 도읍지을 정했다가 부하 왕건에 의해 최후를 마친 것으로 전해지는 철원
명성산은 1천 년 뒤에도 분단민족의 항공기와 전차포 세례를 받는 운명을 안고 태어난 듯하다.
2001. 10.

단된 비무장지대보다는 민통선 지역의 문화유적에 대한 대책이 더 시급한 측면도 무시할 수 없다. 역사서에는 궁예가 왕건에게 쫓기다 평강 부근에서 백성들에게 맞아 죽었다고 기술하고 있으나 철원 주민들은 명성산에서 최후를 마친 것으로 전하고 있다. 그 산이 울음산(명성산)으로 전해지는 것도 같은 맥락이다. 명성산은 현재도 전투기와 탱크들이 포탄을 부어대는 사격장이 들어서 있으며, 정상 부근은 억새가 자라나 가을마다 장관을 이룬다. 그래서 궁예와 관련된 것은 비단 풍천원 도성터 하나뿐만이 아니라 여러가지 역사적 상징들로 이어지고 있다.

10. DMZ에 대한 거짓과 환상

2001년 11월 19일 새벽, 한반도 상공에서는 사자자리 유성우가 쏟아져 내리는 환상적인 우주쇼가 펼쳐졌다. 이날 유성우는 자정을 지나 새벽 2-4시 사이 붉은색과 파란색까지 겹쳐지면서 절정에 달해 밤잠을 설치며 기다리고 있던 많은 사람들의 기대를 저버리지 않았다.

같은 시각 대표적인 분단유산인 강원도 철원군 철원읍 옛 북한 노동당 철원 당사 위로도 폭죽을 쏘아 올린 것 같은 유성우가 쏟아져 내렸다. 유성우는 폐허로 남아 있는 노동당사 창문과 천장 사이로 마치 화살이 지나가듯 스치며 지평선으로 곤두박질했다.

그러나 6·25전쟁 때 철의 삼각지 전투가 벌어졌던 지역인 만큼 노동당사 상공의 그 유성우는 당시 비오듯이 쏟아졌을 총알과 포탄의 궤적과 오버랩됐다. 그 모습이 어렵지 않게 연상되는 것은 미국이 이라크의 바그다드를 공격할 당시 생방송으로 지켜보았던 모습과 크게 다르지 않았을 것이기 때문이다.

이날 유성은 북두칠성을 중심으로 오른쪽 하늘에서 주로 떨어졌기 때문에 한반도 제주도부터 백두산까지 관측이 가능했을 것이다. 왜냐하면 북반구에서는 DMZ이라는 인위적인 장애물을 두고 대치하는 분단민족의 현실과는 상관없이 북두칠성을 관측할 수 있는 같은 하늘을 공유하고 있었기 때문이다.

얼마 뒤 이날 전방부대에서 상황실 근무를 했던 한 장교는 초병들의 근무상태를 점검하기 위해 연병장을 나섰다 지평선으로 쏟아지던 유성우와 마주쳤다고 이야기해 주었다. 이날 저녁 북한 조선중앙 텔레비전도 "오늘 새벽 2시부터 4시 사이에 유성비(유성우) 현상을 관찰

노동당사 상공으로 흐르는 유성우. 대표적인 한반도 분단 산물인 철원 노동당사 상공으로 사자리 유성우가 화살처럼 스쳐가고 있다. 33년 뒤 이 유성우가 다시 쏟아지는 날, 우리 민족은 남북한이 통일된 상태에서 그 별비를 맞아야 하지 않을까. 2001. 11.

할 수 있었다"면서 "처음에는 분간 수십 개 정도로 관측됐지만 새벽 2시 30분부터 3시 20분 사이에는 절정을 이뤘다"고 확인해 주었다.

유성우는 우주공간의 혜성이나 소행성 부스러기가 불타며 비처럼 지구 대기권으로 쏟아지는 현상으로 사자리 유성우는 33년마다 찾아오는 템플—터틀 혜성의 부스러기 때문에 발생한다. 그렇다면 이 해 태어난 어린이가 33살이 되어서야 다시 유성우를 마주칠 것이며, 33살의 젊은이는 66살이 되어서야 관측이 가능하다고 볼 수 있으니 사실상 평생에 한 번밖에 보지 못하는 것이다.

문득 남북한이 분단된 상태에서 2001년 지켜보았던 그 유성우를 33년 후에는 어떤 상황에서 다시 볼 수 있을까라는 상상도 해보았다. 정전협정 당시 10년 이상은 지속되지 않을 것으로 예측되었던 분단상황은 세계에서 가장 오래 지속되고 그 분단 드라마는 언제 끝날지 아무도 모르기 때문이다.

최근 남북한이 반세기 만에 철로와 도로복구에 합의했지만 북핵 위기 등의 먹구름이 한반도 상공에서 머무르고 있다. 2034년에는 분단을 극복한 상태에서 그 유성우를 함께 지켜볼 수 있을까. 무엇보다 다시는 노동당사 건물 위로 총알과 포탄이 유성우처럼 쏟아지는 일이 없길 빌었다. 유성우가 하나 둘 사라지기 시작하던 그 순간 4.5톤 군용트럭이 대공경계를 맡고 있는 인근 산정상을 향해 불빛을 비추며 기어오르고 있었다.

지금까지의 DMZ에 관한 연구는 일종의 DMZ 허상을 만들어 왔다. 우선 전방지역조사는 생태계 중심으로 실시되었고, 대다수 답사지역은 10곳 안팎에서 크게 벗어나지 못했다. 가장 큰 문제는 비무장지대로 이름을 달고 나온 조사 결과들도 2002년 경의선과 동해북부선 공사를 위한 특정지역 생태계 조사를 제외하고는 남방한계선 너머에서 실시된 적이 없다는 점이다. 거의 대부분 민통선 지역에 발을 딛고 눈으로 그 너머를 살펴보는 정도에서 조사가 이뤄질 수밖에 없었던 것은 정전협정상 유엔사의 승인이 나지 않는데다 민통선 지역의 미확인 지뢰지대로 인해 활동에 많은 제약을 받기 때문이다.

아울러 민통선 지역을 위주로 한 비무장지대 인문분야도 정전 이후 40여 년간 냉전체제 속에서 얼어 있다 보니 정작 제기해야 하는 민감한 주제는 건드리지 못하고 재미있거나 신비스러운 측면만 부각됐다.

이러한 제한적인 자연생조사나 흥미 위주의 비무장지대 소개는 이 지역과 밀접한 관련이 있는 요소인 즉 사람(지역 주민)을 빠뜨리는 결과를 초래해 그 훌륭한 프로그램이 뿌리내리는 데 실패한 원인이 됐다. 이러한 점에서 그동안 실시해 온 DMZ 생태조사도 엄격하게 말하면 모두 거짓이다. 생태계가 양호하다는 중동부전선 비무장지대를 심층적으로 다루고 있으나 정작 남방한계선 너머로 발 한 짝도 들어 놓지 못한 사실을 어떻게 설명할 것인가. 남방한계선 비무장지대를 담당하는 유엔사가 생태조사 명목으로 출입을 허용하지 않는 상황에서 무슨 재주로 학자들을 동원해 비무장지대 생태조사를 벌이고 왔다는 말인가.

거듭 강조하지만 대성동 등 경의선 철로와 국도 개설사업이 벌어지는 서부전선 극히 일부와 동해북부선 공사가 추진된 고성 통일전망대 앞도 2001년 이후부터 출입이 가능했다. 어떤 DMZ 생태 시리즈는 누구나 다 알 수 있는 남방한계선 이남이나 민통선 지역에서 주마간산 격으로 실시한 것을 가지고 DMZ 생태조사로 포장했다.

당장은 별일없이 넘어갈 수 있을지라도 거짓이 탄로나는 것은 시간 문제다. 모두 거짓말을 하면서 끝까지 DMZ 생태조사로 우겨대니 할말이 없어진다. 그 가운데 우리의 철책선이 놓여 있는 지역을 북방한계선으로 소개하는 어처구니없는 경우도 있다.

처음 동행하는 전문가의 입에서 나오는 어려운 동·식물들의 명칭 등을 필경사처럼 받아적기에 급급하다 보니 도대체 그것이 무슨 의미가 있는지 검증할 여력이 없다. 식물이나 동물의 이름을 조금만 아는 사람들은 DMZ에 서식한다며 그 복잡하게 나열해 놓은 것들이 웬만한 농촌지역 야산에 지천으로 깔려 있다는 것을 알고 있다. 까치살모사, 구렁이, 도롱뇽 등

한탄강을 응시하는 초병. 한탄강 주변 최전방 소초에서 근무하는 병사가 북한에서 DMZ를 관통해 내려오는 한탄강 주변을 감시하고 있다. 2000. 8.

을 예로 들면서 DMZ를 생태계의 보
고라고 하지만 뱀탕집에 우글거리는
뱀들은 도대체 어디서 왔다는 말인가.

민통선 지역이나 접경지역에 산재
하는 야생 동·식물을 통해 DMZ의
새로운 비밀이 드러났다고 법석을 떨
거나 침소봉대할 필요는 없다. 사실
상 우리가 제대로 모르고 있거나 외
면했던 것을 뒤늦게 아는 것에 불과
하다. 앞으로 정말 DMZ 생태조사를
본격적으로 실시하면 그 엄청난 '개
가'는 또 어떻게 포장할 것인가. 과
거의 것을 거짓이라고 고백하지는 못
할 것이니 무슨 수를 써서라도 그 의
미를 확대시키기에 급급할 것이다.

늘 새로운 것으로 포장해야 하는 언
론의 강박관념이 DMZ의 환상 위에

강원도 화천군 중동부전선 최전방에서 근무하는 초병이 통일후 개
봉할 타임캡슐을 매설하고 있다.

또 다른 환상을 덧칠할 수밖에 없는 한계를 갖고 있다. 그렇다고 DMZ 실체에 도움이 되기
는커녕 허상만 심어 놓다 보니 전쟁으로 탄생한 DMZ는 국민들에게 제대로 알려질 기회마
저 박탈당하는 꼴이다. 이처럼 국내에서조차 실체에 접근하지 못한 비무장지대를 요란하게
차려서 내놓다 보니 해외에서는 심지어 호랑이 같은 것이 사는 곳으로 보는 것이다.

생태 중요성이 부상되는 요즘 명분과 실리를 함께 살리자는 취지로 언론과 전문가가 동거
형태를 선택하고 있지만 오히려 일정한 거리를 두고 서로의 잘못된 점을 지적하고 비판하는
객관적 기능이 필요할 것이다. 학계에서도 민통선을 비무장지대로 확대하는 언론의 잘못을
지적해 주고 고쳐 주기는커녕 도와주고 있는 것은 전문가로 불리는 그들도 정작 휴전선 공
간 문제에서는 비전문가이기 때문이다.

10. DMZ에 대한 거짓과 환상

이 아이들에게 넘겨주지 말아야 할 분단유산. 철원군 민통선 지역에 설치된 탱크 방어선 사이로 유치원 어린이들이 지나가고 있다.

비무장지대와 민통선 지역에 대한 실체를 파악하기 위해서는 환상을 벗겨내야 한다. 환상으로 덧칠해진 가운데 전쟁이 가져온 DMZ에 최근 탐욕의 손길이 미치고 있다. 분단 공간의 진실과 대안은 그 현장이나 거기에 사는 사람들의 삶을 통해 하나씩 접근해 가야 할 것이다.

분단 50년을 맞는 지금이 겉돌아 온 비무장지대를 제자리에 놓는 원년이 되어야 한다. 그렇지 않으면 분단의 공간에서 희망을 찾는 일은 요원한 것이 될 것이다. 좀더 쉬운 말로 표현하자면 분단 공간 여러 방면에서 크고 작은 이익부터 챙기겠다는 탐욕을 버리는 것이 필요하다.

비무장지대를 찾아서 ─────

현대사에서 한반도가 강대국에 의해 분단되고 아직도 전운이 가시지 않은 것은 민족의 분열과 잘못 때문이었다. 분단 공간을 '탐욕의 땅'으로 보고 이뤄지는 최근의 투기열풍, 용역비나 챙기려는 발상, 최초나 처음으로 포장하는 기획 시리즈, 평화를 가장한 활동 등은 서글픔을 떠나 또 다른 민족 분단의 악순환을 자초하는 짓이다.

분단 50년을 맞아 이제부터라도 올바르게 씨를 뿌리고 가꿔 나가는 풍토가 필요하다. 분단 공간에서 더 이상 피와 눈물을 흘리지 않도록 하기 위해서는 비무장지대를 바로 보아야 할 것이다.